倫理問題に回答する

応用倫理学の現場

小阪康治 著
Yasuharu Kosaka

ナカニシヤ出版

はしがき

毎日、毎日、倫理問題についての事件が報道されている。ちょっと考えてもよく分からないし、忙しいから、不満だけれどもそのままにして、日々を送っている。テレビや新聞で分析や解決案を出してはいるが、気になる論点がいくつも見過ごされていて、かんたんすぎるようにもおもうのだ。それだけでなく、自分の周囲でも、変だなあとか、腹が立つなあ、と感じることが、しょっちゅう起こっている。

倫理問題には、きちんと具体的な答えを出したほうがいいはずだ。その場かぎりで物事を決めていくと、社会が進むべき方向を見失ってしまうからである。

今、倫理がしきりに問われているのは、現代人が急に悪人になったからではない。なにが良いことか、悪いことかなどの従来の問題に加えて、技術の発達によって、医療や環境の現場で、これまでの倫理観では解決できない問題が起こっているからである。また、グローバリゼーションの影響で、従来の倫理観を見直したり、新しい倫理観の確立が求められていることもある。

ところが困ったことに、納得のいく倫理観がようやく共有されても、現実にはなかなか定着しない。たとえば、患者の自己決定権は、それ自体としては社会に認められたから、なんの問題もないはずなのだ。けれども患者側の医療への不満は減少するどころか、増大しているのが現状である。

環境保護に反対する人はもういないだろう。しかし大気汚染を取っても分かるように、環境問題は科学的、長期的、世界的な展望で考えなければいけないから、複雑なだけでなく、話し合いをおこなうと、国々の利害や倫理観もかかわってくる。

企業倫理については、毎日の新聞を読めば、いちいち説明はいらないだろう。企業に社会的責任があるのは、だれも否定しない。それにしても、企業にはなにかが不足しているのではないのだろうか。

ここにも倫理問題のおおきな困難がある。つまり総論賛成、各論反対、本音と建前の乖離である。ところが、現在でも、闘わされている倫理学上の議論のほとんどは、じっさいに起こっている問題に、はっきりと答えることができていない。それは倫理学の怠慢だと、私はおもっている。

倫理問題の状況をこう考えているので、この本では、まず、ひとつひとつの実例が直面している課題に、具体的な回答を試みる。具体的に回答するときの視点は、この問題に関心をもつ一般の人のものである。倫理学者は、医療についても、環境でも、経営でも、あらゆる分野について素人なのだし、一般のおおくの人が、それはそうだ、と賛成していないと、現実に通用する倫理観にはならないからである。

とはいえ一般の人たちの視点に立った意見は、その実例が起こっている現場でも、通用するものでなければいけない。そうしないと倫理的な見解は空理空論になって、一般人つまり社会の意見と、それぞれの現場の専門家たちの見解は、遊離したままだからだ。

最近、裁判員制度ができたり、医療の倫理委員会に一般の人の出席が求められたりするのも、専門家だけで判断していては、社会の常識から、はずれた判断になってしまうからである。

だから専門外のふつうの人の意見とはいっても、現場にとってきちんとした示唆になるもののほうがいいのは、だれも反対できないはずだ。一般の人の目線でありながら、現場にも有益である議論、倫理からの発言はそうあるべきだろう。

もうひとつ、個々の実例に答える方法を構築することだ。倫理的課題をふくむ事件はつぎつぎに起こっている。ひとつひとつの実例を検討しても、それらの根本にある倫理問題の構造を明確にしておかないと、ただの時事評論になってしまう。構造の解明と解決の方法が明らかになれば、つぎつぎに起こってくる実例分析の指針になるはずだ。この研究もこれまでの倫理学は怠ってきたのではないか。

こんな目的があるから、この本では分野にとらわれず、いろいろな例を取り上げる。

ふつうの人は、夏の異常な暑さには環境問題を考え、医者にかかると生命倫理を肌で感じ、経済活動をするときには、経営倫理、企業倫理に直面せざるをえない。ひとりがいくつもの疑問に直面しているのである。生命倫理、環境倫理、経営倫理という分野別の研究書は、学者のつごうにすぎない。

一般人はそんなばらばらの区別に付き合っている暇はないだろう。これらは応用倫理学の主要分野だが、この本ではさらに、どう考えればいいかが話題になっている倫理問題も分析してみた。

したがって、この本の目的はふたつである。生命倫理、環境倫理、経営倫理、その他の問題について、具体的にはっきり回答を試みる。そしてそこに共通する、倫理問題の構造と、その解決のための方法をさぐってみる。それでこの本は、第**1**章から第**9**章までが、個別の実例の分析と解決案で、第**10**章で倫理問題へ回答するための方法を考える。

倫理問題に回答する
——応用倫理学の現場——

＊

目次

生命倫理の分野

経営倫理の分野

その他の分野

倫理問題に回答する

——応用倫理学の現場——

生命倫理の分野

第1章　説明と同意だけでいいんだろうか

1　インフォームド・コンセント

†インフォームド・コンセントの歴史

説明と同意は、ここではインフォームド・コンセントとも置きかえるが、もともとはナチスの生体実験を否定することからはじまった。だが生体実験そのものがいけないのではない。本人が自発的に望めば、このような実験からは有用な知見がえられるから、批判されるべきなのは、本人の意志を無視して実験をおこなったことなのだ。この反省から、ニュルンベルク綱領が採択された。だからこのなかでは、実験に参加する者の、自発的意志が確認され、実験の内容や影響などが開示されなければならない、とされた。

これを背景として、一九六四年のヘルシンキ宣言で、インフォームド・コンセントがはじめて明文化された。しかしこのときは実験の被験者に限定されていたので、一九八一年、世界医師会のリスボン宣言で、すべての疾病について、じゅうぶんな説明のあとで、治療を受け入れるか、拒否する権利が明示された。

説明と同意はこのようにはじまったのだが、これがわが国に定着したのは、ひとつには教育水準の向上、人権意識の普及、医学会の不祥事などという、社会的な背景がある。それから、医療技術の進歩で、治療法が複数になる場合がふえた、慢性疾患では医師と患者との協力が不可欠など、医療上の理由もあげなければいけない。

こういう状況のなかで、わが国では、一九九〇年には日本医師会生命倫理懇親会が「「説明と同意」についての報告」をまとめた。おなじ年に名古屋高裁の判決で、インフォームド・コンセントが、はじめて法的にも認められた。一九九四年には日本病院会が「インフォームド・コンセントについて——〈病院の基本姿勢〉」を発表。一九九五年には厚生省が「インフォームド・コンセントの在り方に関する検討会報告書」をだした。この時期に、基本方針としての説明義務が定着した。

インフォームド・コンセントという言葉を訳さないままなのには、批判もあって、納得医療という言葉も提案されているが、普及していない。

説明の内容としては、「病名とその病気の現状」。「これに対してとろうとする治療の方針」。「その治療の危険度（危険の有無と程度）」。「それ以外に選択肢として可能な治療方法とその利害得失」。「予後、すなわち、その患者の疾病についての将来予測」。「治療しないで放置しておいた場合の将来予測」（『医療倫理Q＆A』一〇二頁）、がおもなものである。

未成年者や判断できない人などの場合は、代理による同意の規定が別にあるが、おおまかにはこのようなことが説明の内容である。これらは、法的には、善管（善良な管理者の）注意義務の範囲にはいる。

✝現状への不満

このようにインフォームド・コンセントの必要性については、だれもが承認しているはずなのだ。医師たちからも、われわれはインフォームド・コンセントについては、もうじゅうぶん勉強しているから、むしろ患者教育をきちんとやってくれないか、という声もある。

ところが、東京都二〇〇二年患者の声相談窓口の報告には、次の数字がある。「延べ相談件数…一〇二六一件。ＩＣに問題があると思われるもの…二一七四件（二一・二％）。その内の説明不足…一三一八件（六〇・六％）」。

この数字を見ると、インフォームド・コンセントを理解し、実行していると、お医者さんが胸を張っているわりには、かなりな不満が報告されており、インフォームド・コンセントがさらに普及すると、患者の意識が高まるから、この件数はもっとふえると予想できる。もっとも、こんな数字をもちださなくても、医者にかかって、これでちゃんと説明してるつもりなんだろうか、と驚いてしまうことはめずらしくない。

インフォームド・コンセントの内容が、説明、理解、同意ということは、高校生でも知っているようなワンセットになっていて、説明と同意についてはずいぶん研究され、実施もされている。それにしても、なぜ患者の不満がこんなにおおいのだろうか。

2　説明と同意の問題点

†実　例

倫理研究はいつも現場に帰って、具体的な実例のなかで考えなければならない。

実例①　ある医大病院で腎移植した二十一歳の男性が、移植後入院した私立病院で、血液透析を実施するのが相当である状態になった。担当医は透析の必要を説明した。

しかし、父親がこれを拒否し、移植した医大病院の担当医師も電話で説得したが、やはり父親が拒否した。その結果、男性は死亡した。

この実例を読むと、父親がずいぶん影響力のある家庭のようである。しかし、男性は二十一歳の成年男子だから、やはり本人の意思を第一に尊重すべきだっただろう。それから、医大病院の医師も担

当医も熱心に説明したのはたしかだが、転院についての説明がなかったことを指摘せざるをえない。他にも注意義務違反等に当てはまる項目が出てくるとおもわれる。

また患者側も、医師の指示を守るという、患者側の協力義務に、違反するかもしれない。患者にも過失があるから、双方の過失が相殺されて、一件落着かというと、そうはならない。説明義務は患者の権利や利益を守るはずだったのに、父親は生涯、この医師を怨みつづけるだろう。

けっきょく、父親が、医師にたいして、なんらかの理由で不信をもっていたことが、明らかに読み取れるのだ。したがって、透析をしなかったらどんな結果になるか、という説明も必要なのだが、父親の不信感の原因を理解し、それを解消するような説明がおこなわれれば、もうすこしちがった結果にもなったのではないだろうか。

患者側も、自分の考えを理解してもらえるよう努力する必要はあった。しかしそういう発言を引きだすように話す倫理的な義務が、医師の側にはある。患者は、弱い立場にいるのである。

実例②　交通事故で受傷し、搬送された男性に頭部外傷、肝損傷の恐れがあったため、医師は「このままでは死んでしまう」など、検査の必要性を説明し、他の病院の受診、絶食絶飲についても、数度にわたたって説明した。

患者は、「どうせ高額の検査をするのだから病院はいやだ」などと言って、検査すらも拒否した。その後、交番で事情聴取のさいちゅう、医師から何度も止められていたにもかかわらず、水を飲んで死亡した。この実例については、医師の側には、診療等続行義務、経過観察義務、転医義務違反はなく、これにともなう説明義務違反もなかった。債務不履行または不法行為もない。

①とおなじような実例なのだが、この件では、法律違反はなかったのである。だから医師は万々歳かというと、やっぱり医師の側も、長く気分が悪いままだろうし、患者の家族はこの体験をこころの傷として一生を過ごさねばならない。

この患者のいちばんの関心は、「どうせ高額の検査をするのだから病院はいやだ」という、医療不信にあるようで、おそらく以前にもそのようなことがあったのだろう。したがって、検査の必要などの説明もとうぜんなのだが、この患者の価値観からすると、治療を受けるときの気がかりがこの点にあるようだと理解して、そこに説明を集中すると、あるいはちがった結果になった可能性もあるのではないか、という感じがする実例である。

残念なことだが、医療不信はしばしばある。だから患者も、過去にあった病院への不信感をできるだけ説明して、医師の側に理解させる努力をすることをこころがけるべきだろう。相互理解もインフォームド・コンセントの重要な項目だということを、双方に徹底すべきではないのだろうか。

実例③　変形性股関節症末期の四十三歳の男性患者に、人工関節置換手術を行なったが、左足が六センチ長くなり、生活に不便を感じるようになった。当時、治療法としては、この手術しかなかったので、不安を与えないほうがいい、と考えて説明しなかった。

医師は、患者に不安を与えることをたいそう気にするようで、不安を与えるよりは、説明しないほうがいい、という意見を、いまでも医師の側からしばしば聞く。しかもこの場合にはこの治療法しかなかった。だから説明をかんたんにしたのだろうが、やはりこれは明らかに説明義務違反である。

この実例は、四十三歳の男性だから、平均寿命までに長い時間がある。また、緊急性がある手術でもないから、この手術しかないのだったら、そのことを徹底して説明すべきだったのである。患者は手術前のこころづもりとはちがって、気もちの転換ができないまま、人生の長きにわたって生活に不便を感じるようになってしまった。

こういうケースは、患者の生活上の利益、不利益を総合して理解できるまで説明するとか、じゅうぶん理解できないようだったらセカンド・オピニオンを勧めてみることで、トラブルの発生自体を防げたのではないか。インフォームド・コンセントについて、医師側は医療技術上の一般的な項目を説明するだけでなく、患者の状況を見ながら、必要とおもえる説明を追加すべきだったのである。

実例④ 五十六歳、主婦。左眼窩内腫瘍につき、確定診断は手術による組織診断しかなかった。合併症は視力障害、複視、視野障害で、手術中の失明の可能性は説明したが、術中、視神経から腫瘍を剥離することは困難だと判断し、左目の視神経を切断して、失明してしまった。

手術中の方針変更による裁判沙汰もよくある。この医師は、手術のさいのやむをえない失明と、手術で意図的に視神経を切断することによる失明との差は、あまりないと考えたようだが、患者の側からすると、そこにはたいへんな落差があるわけで、これこそが理解しておきたかったことなのだ。

どうすれば良かったかを、医師でない者が判断すべきではないが、あらかじめ予測して説明しておくとか、いったん止めておいて、もういちど患者の同意を得てから再開する、という配慮ができたのなら、そうすべきだったとおもえる。

この例などは、患者の側にはなんの落ち度もなくて、患者の気もちを軽視した医師の説明が、甚大な心的後遺症を双方に残したことになる。

実例⑤ 右背部から右上腕にかけての痣の治療のため、ティシュ・エキスパンダー法による手術を受けた。その結果背中に筋肉がつき、異様な外観と痛み、引きつれが絶えなくなった。他の病院での手術で、ある程度、改善されたが、醜状に加えて、右手筋力、握力が落ち、障害の認定を受けることになってしまった。

この例では、手術の結果の利益、不利益の可能性について、説明が不十分だった。ぜひ手術しなければいけないのでもないし、とくに急ぐわけでもなかったから、ていねいに説明すれば、期待と危険についての患者の理解も変化したかもしれないのである。

実例⑥ 下部胸部腹部大動脈置換術、分枝再建術の手術を受けたが、手術中に急性の血性心筋梗塞により死亡した。「危険率一割」との説明を、死亡率ではなく、術後の足の障害発生率と患者側が理解して手術を受けた。患者が正確に理解しているのを、たしかめないまま手術したので、これは説明義務違反になる。

医師の常識と、患者の希望がずれてしまうことも、しょっちゅうある。患者には、良くなりたい、症状ができるだけ軽くあってほしい、という気もちがあるのは、非難できないことだ。そういう状況を理解しながらの説明であるべきで、医学的な数値をならべればすむのではない。

患者にも、質問したり、はっきりものを言う義務はある。が、両者の立場からして、医師側の説明責任のほうがおおきいのである。

これらはすべて裁判になったものである。こういう実例の検討をしていると、内容もさることながら、治療の結果が裁判沙汰になってしまったこと自体が残念におもえる。おなじような実例でも裁判にならなかったものは、数おおくあるはずなのに、そのうちのほんの一部が、医師側と患者側の意思の疎通がうまくいかなくて、裁判の勝ち負けにかかわらず、両方に、一生消すことができないこころの傷を残してしまった。それは患者がいちばん聞きたいこと、いちばん理解したいことに、説明が行き届かなかったせいである。

①と②のように、医学的にみればまったく問題外の理由で、患者の決定がおこなわれる場合もある。しかしそれでも、そういうことが患者にとって重要なら、やはりそこに説明を集中するべきなのだ。そうしなかったから、トラブルになったのである。

③と④は、その治療が医学的にはやむをえなかった実例である。だから説明をかんたんにするのではなく、逆に必要とおもわれる項目を追加して、ていねいに説明すべきだった。

⑤と⑥では、患者の希望が先走って、医師の説明が正確に受け取られなかった。しかし患者は、治療にさいして、もとどおりになること、それが無理ならすこしでも良い状態になることを、希望するのがふつうだ。医師の説明は、その点を忘れてはならないのである。

これらはほんの数例だが、医師のインフォームド・コンセントと患者の理解との不一致は、多発する医療裁判を見れば、明らかなのである。

3　患者は利益・不利益を理解したいのだ

†患者と理解

生涯、医者にかかることがない人はほとんどいない。インフォームド・コンセントは、自分自身の問題でもある。われわれ患者にとっては、どういう薬を使って、どういう治療効果があるかも大事だが、それは方法についての理解にすぎない。

いちばん知りたいのは、その治療の結果、自分の日常生活にどういう利益があって、どういう不利益の可能性が出てくるのか、それをはっきり理解したいのだ。実例をみても、患者の理解したいという関心が集中しているのは、その手術や治療を受けることによる、自分への利益と不利益、言いかえれば満足度と不満足度の比較なのである。

それでは患者にとっての利益、不利益とは具体的にどういうことなのか。それはわれわれの体験やいろいろな実例から、比較的容易に割りだせる。ここでは試みに「治癒率、苦痛（副作用）、治療の結果（後遺症など）、余命、治療費、治療（入院）期間、医師（病院）との関係」などをあげておこう。さしあたり考えられるものをあげてみたが、これらの項目は、最終的には、医療従事者側と患者

治療の
(副作用)
結果
苦痛
(病院
余命

側との共同作業によって確定されるべきものだ。それにしても、こういうところに患者の関心が集中することは、われわれ自身の体験からも言えることだろう。

このなかでは、治癒率、苦痛（副作用）、治療の結果（後遺症など）、余命については、説明が必要だという認識はあるので、いちおうおこなわれていると考えていい。ところが治療費、治療（入院）期間、医師（病院）との関係になると、どれくらい納得できる説明がおこなわれているか疑問なのだ。それは右にあげた実例にも現われていた。

これらについては同意の必要がないと考えられたようだが、入院期間なども考慮にいれ、治癒率や苦痛と比較をしながら、医療費や生活や社会活動の計画を調節するのが、患者の気もちなのだ。われわれ患者は、これらの項目を総合的に考え合わせながら、治療方針を決めるのがふつうである。こういう実情を考えると、患者がほんとうに納得できるインフォームド・コンセントがなされているかは、ひじょうに疑問と言わざるをえないのだ。

「治癒率、苦痛（副作用）、治療の結果（後遺症など）、余命、治療費、治療（入院）期間、医師（病院）との関係」などがもたらす利益、不利益についての判断は、もちろん人による。患者によっては、副作用についてはがんばれる人だとか、ひじょうに嫌う人だとか、以上の要因のどれを重視するかも患者によって、まったくちがう。それが個人それぞれの価値観というものだから、そこを見据えての説明こそが、本来あるべき説明のはずなのだ。

†利益、不利益の理解への集中

それにこの説明はそれほど面倒なことではないのである。患者の意識が集中しているのが、「治癒率、苦痛（副作用）、治療の結果（後遺症など）、余命、治療費、治療（入院）期間、医師（病院）との関係」だとすると、これらの点についてインフォームド・コンセントを徹底すればいいのであって、それが、患者の心情にそぐわない現在の形式的な説明方法よりは、はるかに良いインフォームド・コンセントになるのはまちがいない。

医療従事者の側からは、インフォームド・コンセントは、時間がかかりすぎる、患者の理解力が足らない、こういう苦情がしょっちゅう出てくる。だからこそ、右のような項目に説明を集中することには、たくさんの利点があるのだ。

一、インフォームド・コンセントの時間が短縮できる。二、患者も、自分が気になっている項目についてはっきり理解した上で、自己決定できる。三、したがって患者の不安も軽減される。四、自己決定が自覚的なものになるから、医療トラブルもすくなくなる。これらが予想できる。五、そしてなによりもインフォームド・コンセントの求めていた理念に近づくことができる。

こう分析してみると、現在のインフォームド・コンセントを改良して、その本義に近づけるのに必要なのは、患者が関心をもっている項目を整理すること、それについて利益、不利益をどう説明するかを、医療従事者側が理解し、そこに説明を集中することではないだろうか。

もちろん患者も、自己の身体に関する情報の提供（情報提供義務）もふくめて、言うべきことは、はっきり言うということを、自覚すべき時期だとはおもう。それでも患者は立場上弱い位置にいることを、医師は忘れることがあってはならないのだが。

インフォームド・コンセントの説明と同意については、現状にいろんな批判はあるものの、すでに実行されつつある。このふたつをつなぐものとして、理解の研究と実践が必要な時期にきている。理解とはこの場合、双方からの理解になる。われわれ患者が医師の説明を理解するだけでなく、医師は患者の、利益、不利益についての気もちを理解しながら説明する、ということである。もちろん医師と看護師との役割分担など、運用上の課題は出てくるだろうが。

「説明」は医療分野のほかにも、たとえば企業や官公庁の不祥事などのときにも、求められている。この場合もただ説明するだけでなく、聞いている側の利益、不利益の理解に目くばりしながら説明内容を決めていくべきだろう。このように医療分野における説明義務の研究は、ほかの分野への影響もおおきい主題だと考えられるのである。

■参考文献

医療倫理Q&A刊行委員会『医療倫理Q&A』太陽出版、一九九九年。
曽我英彦他『生命倫理のキーワード』理想社、一九九九年。
「判例体系CD―ROM」第一法規（平成三年～十三年）。

第2章　病気の腎臓移植の倫理問題

1　病気の腎臓移植問題の発生

†病気の腎臓移植

二〇〇六年十月に、愛媛県の徳洲会病院で腎臓の売買がおこなわれた疑いがもちあがった。この事件は臓器の売買を禁じた臓器移植法に違反する。また、臓器提供者が提供を受けた患者と親族関係がなかったのに、万波医師は口頭での虚偽の説明を信じて、公的証明書による確認をしなかった。これも違反だ。だから法的には結論が出ている。

ところがいっしょに、病気の腎臓（以下、病腎）を摘出したものを、ほかの腎臓患者に移植していた問題が浮かびあがった。病腎を移植するのは、医学的妥当性がない、と学会側は批判する。実施すべきだ、というのが患者たち。ふたつの意見はまっこうから対立した。

この件は、二〇〇七年七月十二日にだされた厚生労働省の「「臓器の移植に関する法律」の運用に関する指針（ガイドライン）の一部改正について（通知）」で、いちおうの結論は出ている。実験的な臨床研究で、有効性及び安全性が予測されるときには、認めるということだ。それでも、医学的妥当性にたいして、患者の自己決定もあるから、患者たちの気もちは、釈然としていない。

一九九七年の臓器移植法で、脳死の状態から臓器を取りだして移植することが認められているが、この法律ができてから十年以上たった二〇〇九年の同法の改正の時点でも、じっさいに移植されたのは、百例にもみたない。ドナー（臓器を提供する人）がすくないのは予想されていたが、それにしてもレシピエント（臓器移植を受ける人）になれる確率は、ほとんどないのが現状なのである。この事件の背景には、そういう状況がある。

†双方の意見

万波医師とそのグループは、一九九一年から二〇〇六年にかけて、五県十病院で合計四十二件の病腎移植をおこなったが、この移植はいろいろな点で不適切なものだったことが指摘された。その論点は、日本移植学会、日本泌尿器科学会、日本腎臓学会、日本透析医学会、日本臨床腎移植学会共同の「病腎移植に関する学会声明」によって把握できる。

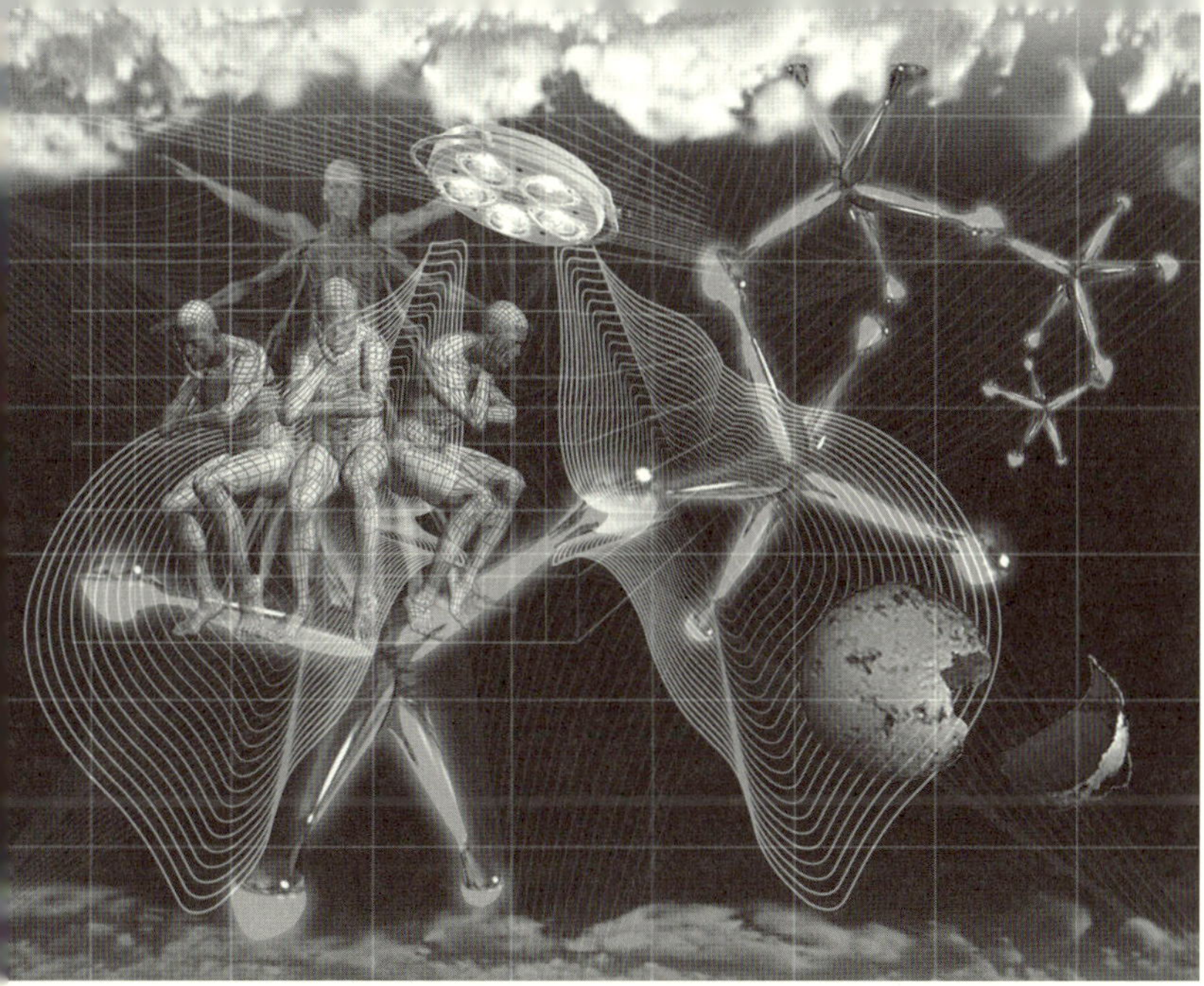

第一、腎臓摘出の医学的妥当性。第二、摘出についての説明、同意文書の有無。第三、摘出した腎臓の第三者への移植についての同意文書の有無。第四、摘出した病腎移植の医学的妥当性。第五、治療のための腎摘出と、移植のための腎摘出とにちがいはあるか。第六、レシピエント選択の手続き。第七、レシピエントに病腎移植の説明がされ、同意書が得られているか。第八、医学的に評価が確立していない病腎移植について、倫理委員会において検討されていたか。この八項目である。

この八つの論点は、倫理の立場からは、ふたつの問題群に分けられる。第一群は、第二、三、七の、同意文書の有無についての三点と、第八の、倫理委員会において検討されていたか、の計四点である。インフォームド・コンセントと、倫理委員会を経ることの必要性については、いくつかの点で、両者に見解のちがいはあるが、移植した医師側に落ち度があったことは、双方とも一致している。ここではそれぞれの症例で、インフォームド・コンセントが適切であったかの議論はしない。真偽は裁判などで判断されればいいことだから。

また、第一、腎臓摘出の医学的妥当性、第五、治療のための腎摘出と移植のための腎摘出とのちがいは、個々の患者の状態によるし、第六、レシピエント選択の手続きについては、臓器移植法の臓器移植ネットワークを活用できるだろう。

したがって第四の、摘出した病腎を移植する医学的妥当性に、倫理問題の核心がある。

†専門家ではない者の倫理判断

問題を検討するまえに、この本全体の立場について、確認しておきたいことがある。倫理問題を考える者は、問題になっている技術については、ふつう素人だということだ。ひとつひとつの手術が医学的に妥当かどうかは、倫理学者はもちろん、患者でも判断すべきではないはずだ。

生半可な知識で、技術的な問題を判断することは、むしろその人の非常識を示すことになり、非倫理的とさえいえる。患者には、病状や手術法について、説明を求め、理解し、同意や不同意を決定する権利があるのはむろんだが、医療技術的な判断は医師がすべきものだ。

技術上の判断がちがうのは、医療だけではない。たとえば、自治体の環境アセスメントと、反対派の学者が出した数値が異なっているのは、ごくふつうのことだ。原子力発電所の危険度の数値なども、建設者側と反対派ではまったくちがっている。会計の専門家同士が反対の立場になると、会計処理についての主張が逆になるのもしばしばだ。これらは、裁判の過程でいつも起こっている。つまり、医療技術についての医師同士の意見の相違も、不思議ではないのである。つきつめていけば、ひとつの結論に達するのかもしれない。けれども、その分野の専門家でさえ対立しているのだから、患者や倫理学者が医療技術的な判断をしたり、それを倫理判断の基礎にすべきでないのは、やむをえないことだ。

わざわざこんなことを言うのは、技術的な問題をふくむ事件の場合、そういう論調がしばしば問題の本質を見誤らせているからで、倫理学者ですらこのまちがいを犯すことがある。

この事件もそうだ。言いにくいのだが、患者たちの議論にはこのようなものが見られた。医療技術上の専門知識について、患者、倫理学者が、自分が読んだ新聞やその他のマスコミの数値や見解をもとに議論しても、それは素人の不正確な推論にすぎない。むろんひとりの患者の治療の結果は判断材料とはなる。が、それはあくまでひとつの症例にすぎないのである。

医学的妥当性については、今でも移植賛成側からの反論がつづいている。しかし両方の専門的判断が一致しないとき、どちらを採るかの決定は、社会が中立的だとしている機関にゆだねるしかない。裁判所や、この場合はさしあたり厚労省だった。厚労省は医師の味方だという批判もあるが、仮に真実がそうだとしても、中立性を期待できる機関は、ほかにないのである。

新聞やテレビなどの報道機関が中立的であるかは、議論もあるところだが、いずれにしても、マスコミが、医療や環境について、専門家とおなじ知識をもっていると考えるのは、専門知識についての不見識である。マスコミ関係者も、そんなことは考えてないだろう。

倫理的にものごとを考えるとき、専門的な知識をどう考えに取り入れるかは、よほど慎重にやらなければいけない。だから以下の分析だけでなく、この本の立場自体が、それぞれの専門技術や知識には素人である者の、倫理の位置の自覚と判断のやりかたを、明らかにする場でもあるのだ。

2　医学的妥当性と自己決定権のどちらを優先するのか

†医学的妥当性

第四の、摘出した病腎を移植する医学的妥当性を検討する。

厚労省は、患者たちや一般の意見を公募したので、これによって論点を理解しよう。「「臓器の移植に関する法律の運用に関する指針」の一部改正に関する意見募集の結果について」には、九十八件の意見がよせられた。それらは十三に集約され、これに厚労省が回答している。賛成から反対までのいろいろな意見のうち、意見番号「十」の議論が核心をついている。

どんな医療を受けるかを選択することは、患者の基本的な権利である。たとえ病気の腎臓であっても、人工透析の苦しさよりは移植をえらぶ患者の気もちを尊重すべきだ。したがって病腎移植に途を残すべきではないか。

厚労省の答えはふたつある。第一、現時点では病腎移植には医学的妥当性がないこと。第二に、医学・医療の専門家において一般的に受け入れられた科学的原則に従って有効性及び安全性が予測されるときに、臨床研究として「臨床研究に関する倫理指針」に則って実施されるべき、ということだ。

医学的判断を素人がすべきではないのは、述べたとおりだが、論点がどう交差しているかは、興味深いところだから、両方の意見を併記してみよう。とくに「悪性疾患（担癌）：直腸癌、腎癌、尿管癌」の移植の是非が、病腎移植問題の中心である。

　この病腎移植に医学的妥当性がないことについて、五学会の「病腎移植に関する学会声明」には、ふたつの意見がある。一、感染腎や腎動脈瘤では、感染症や破裂のもち込みのリスクがある。生着率（「移植した臓器や組織が施術後に機能している割合」『大辞林』）が劣るというデータもある。二、腫瘍細胞もち込みの可能性が否定できない。免疫抑制下では、もち込まれた腫瘍細胞に

よる再発のリスクが高まる。生存率が劣るというデータもある。

これが、学会側が医学的妥当性はないとして、病腎移植に反対する根拠だ。医学的妥当性がないというのは、それぞれの手術について、結果がはっきり予測できないからである。さらに病腎の移植による危険性と、透析による延命を比較して、後者を採るべき、という理由もある。

移植賛成側も、直接かかわった医師だけでなく、医学者たちが反論する。いろいろなところに出ているのを、まとめてみると。

一については、感染腎や腎動脈瘤では、感染症や破裂のもち込みのリスクと、移植による利益を比較してみるべきだ、という主張がある。二について難波紘二は、癌がもち込まれるという学説は古い、としている。最近では検査法が進歩して、ドナー由来の癌化か、レシピエント由来のものかが判定できるようになった結果、高度悪性腫瘍以外は危険性はない、と考えている。

また、免疫学の進歩で、病気とは、臓器という部分と、個体という全体の不調和なのだから、特定の個体にとってその臓器は病気でも、別の個体に移すと正常に戻ることもある。これを万波移植のいくつかの例で示している。つまり癌がかならずもち込まれるわけではない、ということだ。病腎を移植する利益は不利益よりおおきい、とするバークランドの論文も紹介されている。

生着率、生存率については、万波医師による移植のさい、ドナーの六六・六%が、七十歳以上だったことなどをあげ、同年齢のドナーとだけ比較すれば、病腎の移植は、死体腎の移植より良く、生体腎よりは悪い、としている。いちおう以上が学会声明への反論になる部分である。

これに加えて、移植臓器がすくない現状についての意見もある。四センチ以下の腎細胞癌をもつ腎臓と、尿管癌で全摘される腎臓の総数は四千八八四例になり、このうち二千八八六例が腎移植に使用可能だと試算している。また、移植は十六年待ちなので、移植待ち期間に死亡する患者のリスクと、移植臓器に癌が発生するリスクを考慮して判断すべきだ、とも指摘する。

最後に、一般人の素朴な疑問を、ふたつあげておこう。癌を切除して安全に他人に移植できるのなら、そういう腎臓は癌の部分を切除するだけでいいのではないか。これについては、部分切除は手術自体のリスクが全部摘出するより高い、残ったもうひとつの腎臓が健全なら、全摘による不利益は事実上ない、と説明する。また、四センチ以下は腎部分切除が標準というのが、移植を批判する根拠だが、国内では、腎部分切除は、平均三〇％、中央値で一七％しかなく、四センチ以下でも圧倒的多数が全摘なのが実情で、部分切除は標準治療ではない、と反論する。米国では九二・五％が全摘だ、とも指摘している。

ふたつめの疑問は、取り出しても癌の切除の後で、戻せるものは、またもとの患者に戻せばいいのではないか、という疑問である。しかしこれは熟練が必要な手術で、そのリスクの高さにくらべると、この場合も、もう一方の腎臓が健全なら、戻さないことで不利益は発生しない、と判断する。これらの議論は、ふたつある腎臓のうちひとつだけでもじゅうぶんに生活できるという、腎臓の特殊性からきているのは言うまでもない。

論争の中心点だから、いちおう両方の意見をならべてはみた。が、倫理学は、どちらが正しいと判断しないほうがいいのは、述べたとおりだ。それじゃあ倫理学はなにもできないのか、と批判されそうだが、そんなことはない。

厚労省の一部改正では、有効性、安全性が予測できれば臨床研究として実施することもある、となっていた。しかしもともと臨床研究は、あるていどの無効性、危険性をふくんでいる。そのときでも無効性、危険性が高ければ認めないということだ。

その最終判断をだれがするのか。医学的妥当性は医師が判断する。これは他の者がすべきではない。しかしその無効性、危険性を引きうけるかどうかは、患者の自己決定にかかっているのではないか。

ここに倫理問題がある。医学的妥当性が低くて認められない場合でも、あえてやりたいという自己決定があるなら、その患者の気もちこそが尊重されるべきなのか。それとも医師による医学的妥当性が最終判断の基準になるのだろうか。

こんなふうに医師、行政と患者の意見がちがっているので、倫理の立場からの研究が必要になるのである。倫理とは医学の専門家の立場でもなければ、患者の肩をもつものでもない。社会一般が納得できるように考える立場なのだ。五学会の声明のなかに、「学会・社会」でじゅうぶん議論して、と書かれていたように、議論の過程には「社会」という言葉がなんども出てくる。

倫理とは「社会の考え」と言ってもいい。そこには、患者や医療従事者や厚労省や裁判官もはいっている。しかしそれぞれのひとびとの立場や、専門家の主張ではなく、みんなが共通に認めている基準なのである。それを実例にそくしてきちんと説明しようというのが倫理学である。

†人格権

患者が、自分で判断する権利が自己決定権だ。言いかえると、インフォームド・コンセントのときの同意である。患者は、この権利によって自分の判断を治療に反映できる。

思いだされるのは、平成十二年二月二十九日の最高裁判所のエホバの証人輸血事件の判決だろう。このとき、死んでも輸血したくないという患者側の要求がはっきりしていた。

この事例では、輸血以外には生命の維持が困難な事態になった。しかし、患者やその家族の承諾がないままに輸血をおこなったので、意思決定の権利を奪ったとして、人格権の侵害だと、裁判所は判断した。これは思想信教の自由とも合致する。

この事件でも、医師が、医学的妥当性にもとづいた判断をするのはとうぜんだ。したがってその前にかかった病院は、輸血なしではできない、と手術を断っている。そこでこの患者は、当の病院へきて、輸血なしを確認したうえで、手術にのぞんだ。問題は、医師が、手術中に輸血以外に救命手段がないときには、輸血するという方針を説明していなかったところにある。

この判決では、人格権にもとづく患者の意思決定が、医学的妥当性より優先されていることに注目したい。輸血なしの手術なのだ。病気の腎臓の移植より、はるかに危険性が高い。こんな手術でさえ人格権を基礎として実施している。

今のところ、この意味での人格権は、宗教的心情を背景にした者にかぎられてはいる。しかし宗教者には実施し、そうでない者にはしないのなら、それこそ人格権の侵害になるのではないのか。

これは法律論だが、その背景には、患者の意思の決定を優先すべきだという倫理観が、はっきり存在しているのである。

3　比較的な妥当性

†いろいろな医学的妥当性

医学的妥当性があるのか、一般人にはよくわからない治療法はたくさんある。腎移植だけとっても、病腎移植という方法が出てきたので、四種類あることになった。病腎移植、親族などから腎臓の提供を受ける生体腎移植、脳死状態からの移植、死体からの移植である。病腎移植が明るみに出る発端となったのは、担当医師が口頭での虚偽の説明を信じて、提供者が親族であることを、公的証明書で確認しなかったからだった。生体腎移植は親族からにかぎられるのである。

ふつうの人が疑問におもう医学的妥当性を比較してみよう。ひとりひとりの患者の状態によるが、いちばん妥当性がないのは輸血なしの手術だ。これは論外だが、それでも実施されているのだった。

次に妥当性がなさそうなのは生体肝移植ではないだろうか。肝臓の状態があまり悪いので、この手術をする。だが、レシピエントには肝炎ウイルスが残っているから、一時的に病状が改善するだけで、いずれまた悪くなることは、最初から分かっている。困るのは、健康だった提供者が亡くなる場合もあることだ。医学的妥当性については、レシピエントだけでなくドナーもふくめて判断される。しかしこの治療法も認められている。

病腎はおなじくらいの医学的妥当性ではないのだろうか。腎摘出やインフォームド・コンセントが、必要な手続きどおりおこなわれたという前提のもとでだが、生体肝移よりいいのは、また悪くなることが、生体肝移植ほどには、はっきりしていない点である。賛成派はこの点を指摘している。すると生体肝移植より、多少、妥当性が高いとはいえる。しかし妥当性が劣る面もある。病腎移植のデータに疑問がおおいので、確率は比較できないが、透析していれば余命が長かったかもしれない患者が、亡くなってしまう可能性はあることである。学会側はこの可能性を重くみている。ところが生体肝移植より決定的な利点もある。健康な臓器提供者が亡くなる可能性は、まったくないことだ。

もうひとつ生体ドミノ肝移植というのがある。健康なドナーAが、肝臓病のBへ肝臓の部分を移植する。これは生体肝移植そのものである。しかし生体ドミノ肝移植の場合、このBがFAP（アミロイド・ポリニューロパシー）という肝臓の病気である。この病気は二十－三十年で発症し、その後十年ほどで死にいたる可能性もあると考えられている。しかし他の肝機能は正常だ。生体肝移植だから、BからこのFAPの肝臓を取りだすのだが、この肝臓は、あと二十年もつ可能性があるわけだから、これを重篤な臓癌で緊急避難と判断されるCに移植する。この治療もおこなわれている。

BからCへの移植は、あきらかに病気の臓器移植である。病腎の場合との相違は、二十年はもつだろうという予想ができている点だけなのだ。しかし病腎の場合もオーストラリアの成功事例もある。おおきなちがいがあるのか、という疑問も出てくるだろう。

生体腎移植は、健康な親族から取りだすし、時間的な余裕もあるから、さらに医学的妥当性はある。しかしこの手術でも、健康な人の臓器を取りだすという非倫理的な面が厳然として残っていることを忘れてはいけない。それでも肝臓とはちがって、腎臓はひとつでもじゅうぶん機能するから、危険はすくないことが背景にある。この手術で目下の問題になっているのは、たとえば夫が腎臓病で、夫の両親は妻に提供を期待するのだが、妻は嫌でも断りにくくて、夫婦のあいだが壊れるといった例がでていることだ。しかしこれは、生体腎移植自体の医学的妥当性の問題ではなく、インフォームド・コンセントの運用の課題である。

医学的妥当性の点ではいちばんすぐれているのは、脳死状態からの移植になる。これも、脳死は人の死か、という議論は今でもあるが、いちおうこの点は決着しているとすると、この方法は他よりも妥当性は高いことになる。これに順じて死体からの移植がある。これは脳死からの移植よりは、妥当性が若干低いことになる。

このように医学的妥当性からすると、病腎移植は、すくなくとも生体肝移植のAからBと同じくらいで、BからCよりは若干低い感じはする。これらはすべて、インフォームド・コンセントがしっかりおこなわれていれば、手術していいことになっている。

✝臨床研究への提案

医学者が、医学的妥当性がある、と言うときは、その処置がはっきり有効だということだ。生体ドミノ肝移植のBからCへの移植は、明らかにCにとって有効だ。学会側が病腎移植に否定的なのは、透析よりも良いという、はっきりした根拠がないからなのである。この意味での医学的妥当性は、一般人にも理解できる。けれども病腎移植は、医学的妥当性があると認められているいろいろな手術と、おなじくらいの妥当性がありそうなのである。

医学者の医学的妥当性の判断は尊重されなければならない。しかし臨床研究におけるそれには、いくつかの手術のさいの医学的妥当性との比較という、いわば比較的な妥当性を、判断のひとつの要素に加えてもいいのではないか。これが倫理の立場だと考えている。

実験的な臨床研究として研究をおこなうことを、厚労省は認めていた。しかしどういう状況がそれにあたるだろうか。

比較的な妥当性と、医学者の妥当性を満足させる移植の状態とは、末期の患者ではないだろうか。これは、BからCへの生体ドミノ肝移植が、緊急避難とされたのとおなじ理由になる。余命数か月と診断されている患者の場合、病腎の移植による危険性と、透析による延命の比較で、後者を採るべきとはいえない。移植の結果、劇的に良くなることがあるかもしれないし、病腎という状態から予想される悪い事態が生じるかもしれない。

はっきりしないから、医学者のいう医学的妥当性はないが、比較的な妥当性によっては支持できる。ほかの手術の医学的妥当性とあまり変わらないからだ。

技術的な問題では、倫理的な理論だけを振りまわしても無益である。現状でなにができるかを考えるほうが、結局は、今、現在の患者のためになる。医師側が納得でき、患者の権利も守ることができる現実的な方

策は、末期患者の実験的、臨床研究への参加ではないか。これは臨床研究として倫理委員会の審査による承認があれば可能である。

この方法が承認されるのなら、さらに広げて、オーストラリアでは、死亡率が高くて亡くなるまでの時間が短いから、六十歳以上の老人への病腎移植もある。これも調査、検討して、こういうところから実験的な臨床研究をはじめてはどうだろうか。これによって病腎移植を希望する患者たちの自己決定権も、今よりは尊重されることになる。

最後に、関連する課題にもふれておく。臓器売買はわが国では禁止されているのに、海外で売買によって移植し、帰国する患者もいる。その術後管理は、いちおう緊急避難と考えて、国内でやっている。こういう問題も、明確に非倫理的な行為なのだが、これらについてはまた稿を改めたい。

■参考文献

星野一正「最高裁、患者の自己決定権を尊重――エホバの証人輸血事件で患者勝訴」時の法令1614、大蔵省印刷局、二〇〇〇年。

「生体ドミノ肝移植」『九大広報8号』九州大学広報委員会、平成十一年。

「病腎移植に関する学会声明」日本移植学会、日本泌尿器科学会、日本透析医学会、日本臨床腎移植学会（二〇〇七年三月三一日に四学会が公表した声明に、後日、日本腎臓学会も加わった）。

「「臓器の移植に関する法律」の運用に関する指針（ガイドライン）の一部改正について（通知）」厚生労働省、二〇〇七年七月十二日。

「「臓器の移植に関する法律の運用に関する指針」の一部改正に関する意見募集の結果について」厚生労働省、二〇〇七年。

『ミクロスコピア』vol.24 no.3、ミクロスコピア出版会、考古堂書店、二〇〇七年。

『DOCTER'S NETWORK』No.32、株式会社徳洲会、二〇〇七年。

「調査委員会報告書」宇和島徳洲会病院、二〇〇七年。

難波紘二「宇和島徳洲会病院　調査委員会報告書　附属資料　難波調査委員意見書」二〇〇八年。

＊　病腎移植賛成側の意見は、『ミクロスコピア』『DOCTER'S NETWORK』『宇和島徳洲会病院　調査委員会報告書』『宇和島徳洲会病院　調査委員会報告書　附属資料　難波調査委員意見書』を集約したものである。
　事件が起こってから、厚生労働省の「（ガイドライン）の一部改正について（通知）」が出るまでの間の、愛媛新聞、四国新聞、その他全国紙、徳洲会新聞を参考にした。とくに中国新聞社からは御助力をいただいた。

第3章　看取りの倫理

1　悔悟の思い

†看取りにおける悔悟

深刻な社会問題として表に出てくることはすくないが、肉親の死を看取ったさいに、悔悟の念が残ったという話はたくさん聞く。

本人に満足してもらえる看取りができなかったのではないか。配偶者、自分の親、配偶者の親、これらの人の看取りは、おなじでなければ非倫理的になるのか。もっと時間やお金をかけられたのではないか。こんなふうに言えばよかったのではないか。こうしてあげれば喜んだのではないか。

いろいろな理由で不十分だったと感じた自責の念は、しだいに薄れてはいくものの、一般の人は、看取りの経験が豊富な者はすくないから、多かれ少なかれ看取りに悔悟の影がつきまとうことになる。ところが、専門職である看護師もおなじような体験をしばしば語っている。経験を重ねることで、回数は減るようだが、それでも失敗と後悔はくり返されている。これはたしかに倫理的な問題なのだ。法的に問題にされるケースはすくないし、表立った課題になりにくいだけに、不本意な看取りだったと感じたときには、罪悪感が内向するからである。

看取りのさいの後悔の倫理性は、看取られる者の心情との、絶対的な隔絶に由来する。この隔絶によって、看取る者は末期の肉親のこころに接することができなくなる。元気なころはあれほど感じられていたこころのぬくもりが、死にゆく者と、生にとどまる者とのあいだでは、間隔を置いたものになり、間遠になっていく。

看取る者と看取られる者との決定的な溝はやむをえないとしても、それをどう自覚し、どこまで埋めるかに、自責の念のあるなしが、かかっているのはまちがいない。費やした時間や経済的な面の後悔もあるだろうが、本質は患者のこころのケアである。

そもそも完全な看取りというものが、ほんとうにあるのだろうか。この章では、倫理的悔悟が深刻になる、はっきりした意識がある末期患者の看取りの倫理的構造を考える。

†死と時間

看取りの対象である死は、哲学書をひもとくまでもなく、時間的な性格をもっている。それはこれまでつづいてきた生の時間のおわりである。死がどのようなものか、その先があるのか、それをどう受容するかなどの諸問題は、すべて死と生の時間的構造にかかっている。看取りのさいに発生する悔悟などの課題を、その根幹から考えようとするなら、この時間構造を直視しなければならない。

人は健康なときでも、生まれた瞬間から死に向かっていることを、だれもが理解している。そのはずなのに、癌の予後が不良という極限的な状況だけでなく、お腹のぐあいが変で、悪性の腫瘍ではないかと考えたとたん、われわれは不安な状態になる。つまり自分が病気で死ぬことはじゅうぶん理解していても、死を実感すると、精神状態は日常とちがったものになるのである。

これについては、死がまだ先のことだとおもって生活していることもある。『伊勢物語』にも「ついにゆく道とはかねて聞きしかど、きのふ今日とは思わはざりしを」とあるのは、古今東西、人間に共通する心情だろう。しかし死の時間性が主題になるのは、自分のあいまいだったもち時間の長さがはっきりした、という理由ではない。患者の苦悩は、その病気が不治であることから生じている。あと何か月生きられるかより、不治の病に冒されたこと自体が決定的なようなのである。

これは予後不良の癌にかぎらず、一昔前までは結核がそうだったたし、深刻な心臓病の患者なども、日々発作の危険をかかえながら生活している。エイズも治癒しにくい病気だし、不治の病気、末期の状態はつねにある。またこれらの告知によって、絶望してしまう患者への対応のむずかしさがなくなることもないだろう。

つまり病気がなんであるにせよ、限られてしまった時間の短さを自覚し、死が避けられないと認識したとき、人は日常とはちがった精神状態になってしまうようなのである。

ところが看取る側のひとびとは、自分が死に向かっていることを了解してはいるが、それは通常の死の理解なので、患者に切迫している死とは別のものである。両者は、決定的に異なった時間に住むことになってしまったのだ。そこには、空間的には近くても、精神的には、はるかに遠い、埋めようのない隔たりがある。だから看取りは、この広遠な距離を飛び越えねばならないという、困難なものになる。

2　意識の時間と身体の時間

†ふたつの時間

人間が時間のなかに生き、かつ死ぬのはたしかだが、すこし考えても時間がそんなにかんたんなものでないのは、すぐに理解できる。

古来おおくの時間論は、時間がさまざまなありかたをすることを語っている。時間というと、まず思い浮かぶのは時計だが、文字板のもの、数字だけで表示するもの、あるいは昔の日時計や水時計などでも、便宜上空間や数値を使って表わしているだけで、それらが時間自体でないことは、われわれには承認ずみのことだ。

時間という言葉を使うとき、ふつうには、刻々と流れているのが本当の時間だという確信がある。日本人のおおくは時間という言葉から、諸行無常という諦観を連想するかもしれない。変転常なき時間のなかにわれわれの生は浮かんでいるという思想である。ここで指摘しているのは、この連想の哲学的な分析ではない。生が刻々に過ぎ去ってゆくという了解と、そこにわれわれがはかなさを感じている事実があるということだ。

こういう時間は、時計を見て利用している時間とは、まったくちがっている。日常生活では、われわれは六時に三越のライオンのところで会おうとか、九時に学校がはじまると言う。この場合の時間は、刻々に過ぎ去っている時間ではない。テレビの九時からの番組がおもしろそうだと言うとき、この時間に諸行無常を感じているわけではない。われわれはふつう無意識にだが、時間を使い分けているのである。

なぜちがった時間の使い分けができるのだろうか。人間が意識と身体について、べつべつの時間を感じているからである。ふつう意識は身体とともに死ぬと考えられているが、にもかかわらず意識は、自分が死んだあとのことや、生まれてくる前の時代を考えることができる。

たとえば、われわれは自分の葬式のやりかたや、残った家族のことなどに配慮するし、弥生時代の生活様式に思いを致すこともできる。想像が平安時代に飛んで、源平の合戦に興味をもったあとで、近い将来の宇宙旅行の様子を予想もする。つまり意識そのものは死による有限性を免れないが、しかしその有限性を越えて飛び回っているのである。

それとは反対に、身体は死んでしまえばそれきりであると考えられている。身体の時間は母胎内にはじまり、死によっておわる。身体が意識のように、その限界を越えて行き来することはない。つまり第一に、意識は自己の限界よりはるかに長い時間を行き来しているが、身体は生の範囲での時間を過ごすしかない、われわれはそう感じているのである。

第二に、この例からも分かるように、意識は過去から未来へ、現在から過去へ、未来から過去へなど、自由な順序で行き来している。半年先の小学校の同窓会の予定を、手帳に記したあとで、会議で現在の懸案を処理し、それからひととき、小学校の古い教室や、好きだった女の子の後姿の思い出に浸ったりもする。意識は過去、現在、未来をどういう順序でも飛び回っているのである。

ところが身体は、生まれたときから死に向かって直線的に進むだけである。われわれの身体は子どものころに戻ることはできない。意識は過去を向いたり、未来という方向を取ったり、現在にとどまったりと、さまざまな時間にあることができるが、身体は時間的にはひとつの方向にしか進めない。これもわれわれがふだんから了承しているところである。

第三に、意識の時間は、時計を使う例からも明らかなように、それが語られるときには、刻々に流れてゆくという性格で考えられてはいない。むしろ、いつの時点であるかとか、どれくらいの長さであるかだけが、重要なのである。

レストランで六時に食事をしようとか、百メートルを九・九秒で走ったというとき、時間は過ぎ去るという性格はもっていない。この時間はそれぞれの事柄の時間を測るために、一定の長さで意識されていて、この空港から羽田までは一時間半かかるとか、会議が長びきそうだから、後には予定を入れないほうがいい、とか言われる。これにたいして身体の時間的特徴は、生命をもってから、刻々に死に向かっていると考えられているところにある。

以上の三つは時間のありかただが、第四に、ふたつの時間への対処のしかたのちがいがある。われわれは身体の時間については基本的には無力である。身体が刻々と死に向かっていることについては、せいぜい規則正しい生活をしたり、暴飲暴食をつつしむことで、死の到来を遅くするくらいしかできない。死が刻々と迫ってくることを止めることはできないのだ。

これとは反対に、酒を飲んでいて、終電の時間になっても、楽しいからもっと飲んでいようと、現在を長くできるし、明日は仕事がつまっているので、やはり早く帰ろうと、現在を区切って、未来を充実させたりもできるのは、われわれの意識の時間的なありかたについてである。意識の時間はその質に従って、どのような長さにも変更可能なのだ。

意識の時間的性格と身体の時間的性格は、次のようにまとめることができる。第一に、身体は時間的には限定的なものであるのにたいして、意識はほとんど無限の範囲を往来でき、第二に、身体の時間的特徴は一方向的なのだが、意識の時間的特徴は随時三方向を採れること、第三に、身体は時間的には刻々と過ぎ去るのに、意識の時間では、過ぎ去ることよりも、その時点や長さが重要であること、第四に、対処の仕方として、身体の時間について人間はほとんど無力だが、意識の時間についてはその人次第の部分もある。

✝哲学的時間分析

ここで、以上のような時間の性格と、哲学で問題とされている時間との関連について、注意しておいたほうがいいだろう。今、析出したのは、われわれが身体と意識の時間的ありかたを、ふつうどう感じているかである。つまり、時間そのものを分析したのではない。

身体の時間的な特徴といっても、それは意識されてはじめて成立する。というのも、人間がいなくても悠久の時間は流れて行くようにおもえるが、しかしそうおもうのも、考えているわれわれの意識があるからである。人間の意識なしに、刻々に過ぎ去る身体の時間やその基本である悠久の時間を知ることができるかどうかは、むずかしい議論になる。

また、身体の時間が刻々に流れるとしても、時間というものは刻々に流れる時点だけは成立しない。前後がない独立したひとつの時点は、時間であるかさえ判断できないからだ。むしろそれは空間と言ったほうがいいかもしれない。

このような純粋に哲学的な時間論の諸問題を論じたのではない。ここでは事実から出発し、事実の分析だけを主題とした。人間は刻々と過ぎ去りながら、同時に、過去や未来を飛び回っている。人間は死ぬことを知っていながら、死を眼前に感じると愕然とし、ふだんとは生きかたがちがってしまう。これらのことはまず事実としてである。人間は事実として時間を住み分けているのである。

3 時間の変質

✝末期の時間

こう考えてくると、死を眼前にした患者と、看護する側の、無限ともいえる距離の遠さの原因も、推察はできる。

人はふつう、死を身体的な時間のなかで考えている。生まれてから刻々と死に向かって進んでいることは、明々白々なのである。逆に言えば、死を意識的な時間で、つまり身体の限界という枠を越えてとか、方向性を変えて過去におく、とかはしていない。というのも死は身体的な時間の特徴をもっているからであり、ひとつの方向の先にあって、ほぼ平均寿命八十年と限界が予測されており、われわれは刻々とそれに向かっていて、このことを止められないのである。

すなわち人は、死を意識の時間の特徴によっては考えていない。だから意識は、自分の死を身体的なものとして、あたかも自分のことではないかのように、いわば安全地帯から眺めている。

意識は身体の死を容易に考えることはできるが、意識が自分の死んでいる状態を想像することはむずかしい。たとえば生命保険にはいるとき、われわれの意識は身体の死後の家族のことなどを心配しているのであって、この場合にも意識が見据えているのは意識自身の死ではない。

患者は自分の死と向きあったとき、看取る側とはちがった世界に住んでしまうようだ。告知によって絶望する患者は、身体的時間のなかで考えていた死が、意識的な時間に、はいり込んできて、意識が身体的なありかたに変質してしまうからだと推測できるのである。

患者の意識は、ふだんは身体的な限定を越えて行き来し、未来、過去、現在とどのような方向も取ることができ、刻々ではなく、出来事におうじて、それぞれの長さをもつ時間に憩っており、自分でその時間を操作できていた。しかし、この時間が身体的なありかたに変質することで、意識は死という限界に直面して、つねに死というひとつの方向を注視し、刻々とその限界に近づいて行くという状態に陥る。そしてその限界時間にたいして無力なのである。

ところが看取る側の意識は、あいかわらずふたつの時間を

使い分けており、他人の死も、肉親の死も、自分の死でさえ安全地帯から眺めている。末期における患者と、看取る者との決定的な隔絶は、患者の意識の時間的状況が変ったことから生じているのである。

　しかし看取る側が、看取られる側の時間をまったく体験していないわけではない。日常生活のなかで、健常な人が患者に近い意識になることもたまにある。

　たとえば、胃の具合が悪くて、病院でバリユウムや胃カメラを飲み、その結果を待つとき、われわれは他のことはほとんど手につかないという状態になってしまう。待合室に座っていると、意識の大部分は検査の結果のみ、つまりひとつの方向だけを向いてしまい、限界は刻々と近づいてくるのだ。
　この死は、おなじ自分の死でも、生命保険にはいるときの死とはまったく別のものである。ところが検査の結果が悪性ではないことを知ると、われわれは、病院の支払いをすませるのも、もどかしく、すぐに手帳をだして、午後の予定を確認する。意識はもとの日常的、意識的時間に戻ってしまうのだ。
　このように、人間はふつうの生活では時間を無意識のうちに住み分けているのだが、末期の状態では、意識が、身体的な時間的のありかたに変質して、住み分けができなくなった、つまり刻々と過ぎ去る時間にしか生きていないことになるのである。

† 看取りの成否

こう考えると、看取りの成否も原理的には理解できるだろう。失敗したと感じられた看取りとは、患者の意識の時間を死が占領しつづけてしまって、看取る側の努力では、ふだんの意識に戻せなかったということになる。

意識はふつう、未来を考え、過去を思いだしながら、身体の限界をはるかに越えて行き来する生活をしていたのに、そういうありかたが変質して、刻々と限界が迫ってくるという状況の外に、意識が向かないままだった、と推定できるのである。

反対に、いちおう満足できた看取りとは、患者が限界時間から立ち直り、限られた時間を有意義に過ごしたことになるが、それはケアによって患者の意識のありかたが通常に近いものに戻ったときだろう。

未来をどう過ごすかは、通常の生活では、過去を参考にし、現状を考えた上で判断する。満足すべき看取りとは、患者が過去において蓄積した経験や知識を現在における判断の糧とし、残った時間においても有効に使用するよう、援助できたということになる。

むろん患者が日常の状況になったとはいっても、意識の時間がまったくもとに戻るわけではないが、おおくの患者が比較的平常に近い意識で生活しているのもまた事実なのだ。われわれは看取りの成否を、時間論的な視点からこのように分析できるのである。

4　看取りと時間

†往来する意識

哲学的な言いかたをすると仰々しいが、おおくの事例が現場から報告されている。時間性に配慮して成功した例として報告されている事例はたくさんある。デーケンは、懐かしいメロディーが、楽しかった思い出をよみがえらせるとしている。過去の楽しかったことや、華やかだった時期を思いださせる会話もよく使われる。これらはひとつの方向に向いている患者の意識を、過去や未来を飛び回っていた、いつもの日常的時間に戻しているのである。

亡くなった肉親が、いまでも患者のこころのなかにいることに思いを至らせて、患者の思い出もまた、だれかれのなかに生きつづけるだろうことを納得させた報告もあった。これも意識が自分の死を越えて、未来の上空を飛翔していた日常時間への回帰をうながしたのである。

亡くなる直前まで看護する側に気づかいをする患者もあるが、その気づかいや、症状が落ち着いている時のおだやかな会話は、やはり日常的、意識的時間の特徴をもっていたのではないかと、推測される。

患者との会話で、相手の話をていねいに聞き、反復するという方法が有効のようだが、その結果、患者の意識は未来や過去に向くことになっている。

逆に失敗した例だが、心筋梗塞で生死をさ迷っていた患者の気もちを抑えようとして、「あなた、具合も悪いし」と言って、患者を激怒させた看護師の例を、鈴木正子らが示している。むろん悪意などあったはずはないし、その場の雰囲気や言いかたによっては、患者は傷つかなかったかもしれない。しかしこの発言が構造的に良くないのは、特有の身体的時間にいることを、あらためて患者に自覚させてしまったからなのだ。本来おこなうべき、死への時間からの脱却の手助けとは、逆の介護になったのである。

このように、あるべき時間への回帰を模索する看取りは、倫理的だとしていい。なぜなら倫理とは、人間同士のあるべき関係を規定しているからである。この構造を理解し、患者との隔たりを確認して、それを越えて日常時間の方向へ患者を導くことを意図したにもかかわらず、看取りに失敗したという思いが生じても、それを非倫理的とまで自責することはないはずだ。

そう言われても、悲しみは去らないだろうが、それは看取りの技術的な未熟と患者の状況や別離への悲しみであって、倫理的な手段は尽くした、と結論していいとおもう。

逆に、この関係を理解せず、改善しようともしなければ、その行為は非倫理的になる。その行為が、看取る側と看取られる側との、あるべき関係を破壊して、双方に悲惨な結果をもたらすからである。

末期でない例でも、日常時間への回帰が求められていたと観察できる事例はある。患者と退院後の目標を話し合うことで、闘病の意欲を高める方法も、おなじだと言える。未来を志向する手助けをしているのである。

認知症の患者が財布を隠すことがしばしばある。隠したことを忘れてしまって、またひと騒ぎになる。これもおなじ種類の例なのだ。この行為は、未来をしっかり生きていくための準備の表現なのであり、ここには、過去、現在、未来を行き来していた、かつての日常生活をつづけようとする意志が見られるのである。

やはり認知症で、電話してきた相手の名前を聞いただけでは、どういう人だったか思いだせないらしく、いらいらして、ガチャンと電話を切ってしまう人がいた。身近な人なので、いたましい気もちでこの話を伺ったが、この患者も、過去へつながることができた日常的、意識的時間への回帰を求めながら、果たせないでいたのである。

もっとも、死を凝視している限界時間の状態にあって、この世界が、おもっていたより、はるかに美しいものだ、と感じられた体験もある。

フランクルは、強制収容所から見た夕日の美しさについて書いているし、宗教学者、岸本英夫は、残された時間のなかで、現実の刻一刻の生活のなかに、永遠の生命を感得できる、と観察している。この心境は、無名の人の、だれにも知られることのない末期にもあると、岸本は言う。また熱心な宗教信者は、限界時間の自覚によって、かえって死後の世界を確信することもある。

こういう患者まで、日常時間に引き戻すことはないのはもちろんで、これらの心情をどう手助けするかは、看取る者の経験や技能にかかっている。

芭蕉の心境を憶測するなどおこがましいが、翁ほどの人物だから、臨終にあたって、死のみを見つめていたのではなかった。その意識はさまざまな時間に行き来していたのである。

「旅に病んで　夢は枯野を　かけ廻る」。

†ＷＨＯ（世界保健機関）

世界的な基準と照らし合わせてみよう。二〇〇二年のＷＨＯの緩和ケアの区分に象徴されるように、全人的苦痛は三種類に分類できる。身体的、心理社会的、霊的苦痛である。これを心理的と社会的を区別して四種類に分けていた一九九〇年の区分と、柏木哲夫や小山千加代のモデルも援用しながら、時間との関連を考えてみる。

食道癌の患者が、食べたいのに食べられず、他の患者が食事をしているのを見て、悔しがるという状況について、時間論からの援助は無力である。身体的に対処する看護師の医療技術によって対応するしかない。それでも対応の効果があれば、癒されるのはこころである。

心理社会的苦痛は心理的と社会的なふたつを内容としている。社会的苦痛というのは、帰宅して家族の一員であることを確認したいとか、仕事上、経済上の心配である。これに対処できれば、苦痛はいちおう取り除かれる。これも時間論からのアプローチは無用だが、こころは癒される。

心的苦痛とは、不安、いらだち、孤独感、恐れなどを内容とし、霊的な苦痛は、スピリチュアルペインともいわれ、人生の意味への問い、価値体系の変化、苦しみの意味、神の存在への追究などのさいに生じる、とされている。これには熱心な宗教信者だけでなく、日本のように一般に宗教性が薄いひとびとの気もちもふくめる。

身体的に時間化してしまった意識は、四つの苦痛のすべてに通底するが、時間論はとくにこの心的、霊的な苦痛に直接にかかわる。この苦痛は経過によってても変化していくので、ここに末期の患者のこころへの課題があることになる。

ＱＯＬについての議論も根本のところではおなじで、けっきょくは、ひとりひとりの患者を観察し、その自己決定を理解して、実行の手助けをすることが、倫理的な看取りになるのである。

† 看取りの倫理

整理してみると、身体的、社会的苦痛はひとまずおいて、心理的、霊的苦痛について、倫理的に肯定できる看取りとは、まず身体的時間と精神的時間の隔絶をきちんと理解するところにある。看取る側は、看取られる者の意識にはついに同化できないことの自覚である。

いかに熟練した看護師でも、死に直面している患者の意識を完全に理解はできないはずだ。ひとつひとつの事例に反論はしないが、ケアによる患者の平穏によって、満足な看取りができたと、看護師たちが受け取った事例も、一時的なものに過ぎないことがおおいのではないか。それは熟練した看護師には自明であるようなのだ。

　したがって倫理的には、同化できないことへのいらだちはもちろん、同化できたと信じることも、非倫理的だと、自覚すべきである。この自覚がなければ、看取りは自己中心的で傲慢なものになる。日本看護協会の『看護者の倫理綱領』には、看護師の仕事が「……生涯を通してその最期まで、その人らしく生を全うできるように援助を行うことを目的としている」（前文の2）とある。

　その上で、看取られる者の意識が日常の時間性のなかに回帰するよう、できるだけの手をつくすべきだろう。なぜならその時間に憩うことが、平静に死を見つめることだったからである。限界時間のなかで、患者がまったく新しい境地に至る可能性にも配慮しながら、患者の自己決定に接することが、看取りの構造であり、その遂行の意志と研鑽が倫理的課題である。

　これについては専門職も家族もおなじである。日常の医療行為で、看護師たちは的確な対処に努めているし、その対応のなかにもこの構造が見られる。

　家族の場合には、倫理的な悔悟がおおきいのだが、心痛や心労そのものが、時間の隔絶を埋められない自覚からくるのだから、隔絶の確認は専門職よりも、正確で、深刻なのである。それは家族の悲嘆をみれば分かることだ。

　それでも家族は、看護師とはちがって、肉親の過去の思い出も、現在の気分も、未来の希望も、はるかによく知っている。家族だからこそできること、なすべきこともたくさんある。これらは介護の

さいに自然に現われているはずだ。

だから家族の看取りでは、あのときこんなふうに言うべきだった、こうしてあげれば喜んだのではないか、などのひとつひとつの失敗を思いだして、その看取りを非倫理的と自責し、悔悟する必要はない。嘆きは収まらないだろうが、結論として、家族においては、看取ることそのことが、すでに倫理的だと考えていいのである。

この章では、末期患者の看取りだけを考えたが、一般の病気でも、患者は、どこか具合が悪くて病院に行くのだから、多かれ少なかれふつうの意識ではない。ちょっとした病気の診察でも、患者が医師に距離感をもつのは、住んでいる時間のちがいを感じてしまうからなのである。医療従事者はそれを知ってはいるはずだが、それでもじっさいには、患者にさまざまな不満があることを、つねに自戒すべきだろう。

■参考文献

フランクル、V・E『夜と霧』霜山徳爾訳、みすず書房、一九六一年。
岸本英夫「生死観の類型——生死観四態」『岸本英夫集　第六巻』渓声社、一九七六年。
デーケンス、アルフォンス／飯塚真之編『日本のホスピスと終末期医療』〈生と死を考えるセミナー〉春秋社、一九九一年。

淀川キリスト教病院『ターミナルケア　マニュアル　第三版』最新医学社、一九九八年。

池川清子「二人称の死―いまなぜ医療に二人称の視点が求められているのか―看護の立場から」『臨床死生学』4（1）、日本臨床死生学会、一九九九年。

小山千加代他「がん末期患者の病状進行と心理の移り変わり」『臨床死生学』Vol.2、日本臨床死生学会、二〇〇〇年。

村田久行「終末期がん患者のスピリチュアルペインとそのケア：アセスメントとケアのための概念的枠組みの構築」『緩和医療学』vol.5 no.2、先端医学社、二〇〇三年。

鈴木正子他「病む体験としての怒りの研究―心筋梗塞により死に直面し怒りを呈する―強迫神経症病者への継続ケア直接過程の分析」『臨床死生学』Vol.1、日本臨床死生学会、二〇〇四年。

小澤竹俊「関係存在とスピリチュアルケア」『臨牀看護』30（7）へるす出版、二〇〇四年。

「看護者の倫理綱領」日本看護協会（http://www.nurse.or.jp/nursing/practice/rinri/index.html）。

環境倫理の分野

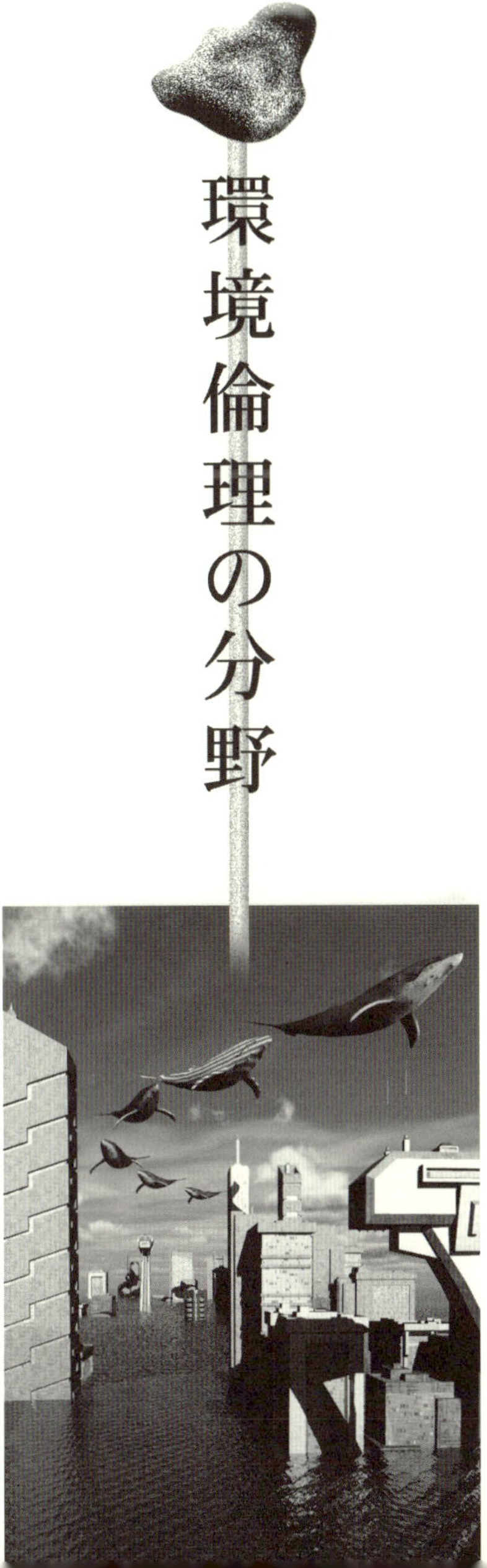

第4章　国立マンション事件と漫画家の赤白の縞の家
——都市景観について——

1　国立マンション訴訟のあらまし

†国立マンション事件の状況

国立《くにたち》という地名は、国分寺と立川のあいだにあることに由来する。その国立駅の南口を出て、はるかにつづく、のびやかな並木道を眺めると、右手のかなたに突起物がみえる。それが当のマンションであることは、すぐに察しがつく。この建物だけが、鬱蒼《うっそう》と茂った並木の上に飛びだしているからである。

東京都国立市にある、ＪＲ国立駅南側の、通称大学通りを中心とする風景は、東京都による「新東京百景」、読売新聞の「新・東京街路樹十景」「新・日本街路樹一〇〇景」にもえらばれるなどして、国立市のシンボルである。この街は大正末期ころから、ドイツの大学町ゲッチンゲンにならって建設されたもので、大通りは、幅二〇メートルほどの車道の両側に、まず自転車道、その外側に並木の緑地帯が一〇メートル、それから歩道、さらに一橋大学の敷地や住宅街という配置だ。二〇メートルにもそだった緑地帯の桜と銀杏の街路は、約一、二キロもつづいて、「国立ブランド」ともいわれる高級住宅街の景観を象徴している。

この通りぞいに、建築許可を受けて高層マンションが着工されたので、住民が反対し、市もその地域をふくめて、高さを二〇メートルに制限する条例をつくった。しかし、すでに建設は進行しつつあり、けっきょく地上十四階、高さ四四メートルの高層建築ができあがった。これにたいして、周辺の土地所有者や住民、近隣の学校法人とその教職員、生徒などが、着工に前後して訴訟を起こした。

✝裁判の結果

裁判をまとめておこう。この件についての訴訟は三種類、十一件にものぼるだけでなく、関連する裁判もあって、それらが二〇〇〇年から二〇〇八年にかけて、平行しておこなわれた。この本は法律論を闘わせる場ではないので、裁判についてては結論だけ列挙しておく。

第一の種類は、住民が明和地所を相手に起こした民事裁判だ。この裁判の過程に、景観問題がいちばん明確にあらわれている。この裁判には前半と、後半のふたつがあった。

前半は、建設禁止仮処分の申し立てだった。これについて地裁では、住民側敗訴。高裁は、条例違反の認定はしたが、景観利益だけでは、このマンションの建築差し止めの根拠にはならないとした。マンションが建ってしまったので、これ以後、住民側は違法部分の撤去申請と慰謝料を求めることにした。これが後半の裁判である。

地方裁判所では、景観利益の侵害と判断して、二〇メートル以上の部分の撤去を命じた。この判決は有名で、重要なものになった。

高等裁判所では、一転して、住民の全面敗訴。最高裁判所では、景観利益は認めたが、建物の撤去などを命じることはなかった。

第二の種類は、住民が東京都を相手に起こした、建物の違法部分の除去命令申請の行政裁判である。地裁では、住民側勝訴。高裁では、住民側が敗訴。最高裁でも住民側敗訴。

第三の種類は、明和地所が国立市を相手に、市による二〇メートル以上の建物を禁じた地区計画・建築条例の取り消しを求めた行政裁判である。

地裁は、明和地所の請求は却下。しかし、建物が既存不適格になったことへの損害賠償は認めた。既存不適格というのは、老巧化などで、このマンションを建て替えるとき、条例に合わせて高さを二〇メートル以下にしなければならないということである。

高裁も明和地所の請求を却下し、損害賠償の減額も判決。明和地所側は上告しなかった。これで、住民や行政が、景観をそこなうと判断した建築の阻止を目的として、地区計画・建築条例を制定しても、有効であることになった。

最高裁には、市議会が上告することを否決したので、市の補助参考人の一部が、損害賠償を不当とした申し立てをおこなった。しかし会社側への損害賠償は認められた。

これが裁判の結果である。たくさんの裁判があってまぎらわしいので、以下、地裁、高裁、最高裁というときは、ことわらないかぎりは、住民側が違法部分の撤去申請と慰謝料を求めた、第一の種類の後半の裁判を指すことにする。

†法への割り切れなさ

法的な議論を読んでいると、素人が不思議におもうことはいくつもある。

根切り工事というのは、基礎工事のことだが、これは条例制定の前にはじまった。だから条例の拘束力はおよばない。たしかに後からできた規則にしばられるのでは、リスクが計算できなくて、事業をはじめることはできない。それはそうだ。われわれ一般人は不承々々うなずくしかないのだが、すると、けっきょく景観は保護されないのか。

そもそも着工か未着工かについて、それぞれの種類の裁判で何度もちがった判断をしている。こういうごく基本的な点についても判断が分かれるのは、素人にはまったく理解できないことだ。

個人が主張する景観は主観的だから、法的には認められない。景観保護は行政によって推し進められるべきだ。判決文にはこういう考えもある。しかしそもそも、個人が主張する景観は、ただの主観

として切捨てられるべきものなのか。

都市住民は流動性が高い。それに住民みんなが、おなじ意識をもっていることなどありえない。だから都市住民の景観意識は保護しにくい。これもそのとおりだ。すると都市と農村では、住民の景観への要求はちがった基準で判断されることになるが、それはどういう基準なのか。住民の流動性も、主観性という主題につながっていくとおもう。

私企業が合法的に営利を追求するのは企業論理からしても、とうぜんだ。高さを制限する法令がない以上、この建物は合法だ。なるほど、もっともな意見だ。するとやっぱり、四四メートルもの高層建築物が他を圧して立っているのは、正しいことなのか。

日照や眺望には、明確に個人的利益がある。しかし景観は個人の所有地からのものだけではないから、個別的利益があるとはいえない。景観が権利となるには、その要求が明確で、具体性があり、第三者にも予測できることが必要だ。国立の住民が暗黙のうちに守ってきたというルールは、明示されていないので、第三者には強制できない。なるほど、なるほど。これもうなずくしかない。

ところで、この事件が起こったのは二〇〇〇年で、景観法ができたのが二〇〇四年だったことは象徴的だ。この事件は、景観が社会的に認知されはじめた時期に起こったのである。この裁判が注目されたのは、景観を裁判の中心にすえたからで、当時としてはひじょうに新しい考えかただった。こういう新しい、しかし時代に合った考えを、法律は支持できないのか。言葉だけでなく、実質的に。

最高裁の判断では、景観利益が認められた。だが、「当時の刑罰法規や行政法規の規則に違反するものであったり、公序良俗違反や権利の濫用に該当するものであるなどの事情はうかがわれない」という理由で、建物の一部撤去などは論外なのだ。いろいろな利益を考慮した判断なのは分かった。しかたないのかなあ、とおもうのだが、依然として割り切れない思いはつづく。じっさいに、建物自体は厳然としてそびえ立っているのである。景観利益は失われたままなのだ。

こういうとき一般人が感じるのは、司法の限界だろう。司法へのはがゆさが、われわれ素人にはどうしても残ってしまう。双方の主張が折り合わないので裁判にもち込んだのだが、法的な判断がでてみると、そんなものかなあ、法治国家だからしかたないか、という不満がよどんだままなのだ。この気もちをおおくの人が共有するなら、その是非を検討してみよう、と考えるのが倫理学だとおもっているのである。

法的には上級裁判所の判断が最終決定だ。しかし倫理的には、下級裁判所の意見も同等にひとつの見解になる。倫理学は裁判の記録をこういう観点から読む。

2 景観と主観

† 景観と眺望

基礎になる考えをふたつ整理しておく。

まず、いったい景観とはなんなのか、という主題については、景観権と景観利益のちがい、それから景観利益と眺望利益の区別がある。

景観権と景観利益のちがいだが、景観問題はそれぞれの実例の状況が異なっているし、社会の変化によって、景観についての権利の意味が変わる可能性がある。なので、景観権では今のところ実体がはっきりしない。景観利益なら、そのつど得るものと失うものがはっきりして、法的に保護しやすい、こういう考えかたである。

景観利益と眺望利益の区別については、眺望利益は特定の地点からの良い眺めで、明確に決定できるから民法などの保護の対象になるとされる。たとえばマンションで高層階ほど価格が高いのは、眺望利益があるからだ。ところが景観利益は、その地域全体の面的状態だから、この利益は個人の利益保護を中心にする民法などに、なじみにくい。したがって面的な景観利益は、公的に定められなければ保護できない。ところが両方は重なっているという反論もある。

国立マンション事件では、景観利益について、地裁と高裁では、まったく逆の判断になった。地裁では、「特定の地域内において、当該地域内の地権者らによる土地利用の自己規制の継続」、「相当の期間、ある特定の人工的な景観が保持され、社会通念上もその特定の景観が良好なものと認められ」、「地権者らの所有する土地に付加価値を生み出した場合」、この三つの観点から、景観利益があるとして、住民の訴えを認めた。

これにたいして高裁は「この良好な景観は適切な行政施策によって十分に保護されなければならない。しかし……個々の国民又は個々の地域住民が、独自に私法上の個別具体的な権利・利益としてこのような良好な景観を享受するものと解することはできない」として、住民単位の景観権を認めなかった。ところが最高裁では景観が客観的価値をもつことを肯定したうえで、景観利益を認めている。法的判断はこんなぐあいだ。

† 景観は主観的である

基礎になるもうひとつの考えだが、あたりまえのことをほとんどの論者は見過ごしていて、結果として、議論が大混乱している。景観は主観的なのだ。主観的でしかないのだ。それを客観的だとおもっているから、妙な議論になってしまう。哲学的に考察するまでもないのだが、風景というものは、もともとはただの客体としてなんの意味もない。意味がないただの客体としての風景に、それをいい眺めだとおもっている主観が合体して、いい景観が成立しているのである。

哲学者の安彦《あびこ》一恵は、セザンヌの「農夫は……サント・ヴィクトワールをみたことがない」、を引用している。農夫は、耕作地にならない対象としてしかこの山を見ない。ところがセザンヌにとっては芸術の対象なのだ。対象そのものが客観的に良い景観というのではないのである。

高裁は「景観についての個々人の評価は……極めて多様であり、かつ、主観的であることを免れない性質のものである」とした。しかし主観的だからだめだ、とはかんたんに結論はできない。国立公園などはおおくの人がその景観を良いとしているのだが、厳密に言えば、これも主観の総合にすぎない。主観的だから認めないというのでは、良い景観というものが成立しなくなるのである。高裁だけでなく、主観という言葉を単純に考えすぎている論理は、ほかにもたくさんある。

良い景観が、客体と主観との合致であるように、いやな眺めもおなじ構造で生じる。なんの意味もない風景のかたちを、マンション業者が変更しても、まだ景観の破壊にはならない。その変更を、眺めている主観がいやだとおもったとき、そこに破壊された景観が成立するのである。

良い景観も悪い景観も客観的にあるのではない。それは主観のなかだけに存在する。これをきちんと理解すると、すくなくとも倫理的には、余分な議論はしなくてすむ。

3　国立の景観はなぜ破壊されたと言えるのか

†倫理学の意見

この事件では、良い景観を両方が認めていたことが、手がかりになる。建設容認側の論拠のひとつは次のようだった。土地利用を規制しようとする暗黙の合意はあった。が、公的な規制はなかった。公的に決まってないと法では保護できない。だからマンションはやむをえない。

これは理屈だけの一般論の典型である。明和地所自身が良い景観を売り物にしていたではないか。明和地所のパンフレットは、住宅購入予定者をあおりたてる。「日本で最も美しいといわれる大通りがこのプロジェクトの舞台となります。作家の山口瞳が「日本で一番美しい大通り」と形容したように、国立のシンボルである大学通りは「新東京百景」に選定された壮観なメインストリートです」。また「憧憬の国立に住む」、「あこがれの町」などの魅惑的な言葉も乱舞している。つまりこの街の眺望は明和地所が発見したものではない。すでに住民だけでなく、おおくの人も認めている景観を、明和側が眺望化したのだ。この実例では、景観と眺望は事実として重なっているのである。

つまり公的ルールはなくても、双方が共有している良い景観があったのは、まちがいのない事実なのだ。建設する側でさえ、景観を破壊していないと主張しているのだから、この景観を保護しようとする方針は、両方にとってはっきり意識された、公的なものになっていた。

主観の衝突について高裁は述べる。マンションが景観を破壊するなら、国立に住む意味はなくなるし、マンションの価格も下がる。そんなことを売る側がするはずがない。したがってこのマンションは景観を破壊していない。

この論法の根本には、良い景観が客観的にあるという前提があるのだ。だからマンションが景観を破壊していないと言えるのである。たしかに良い景観はある。しかしそれは住民の主観のなかにある。「日本で最も美しい」といわれる大通り、「壮観な」メインストリートなどの景観の良さは、すべて住民の主観のなかにすでにあった。マンション業者の主観も、住民の主観といっしょに、この大通りを良い景観だとおもったのだ。最初は、両方ともに良いとおもっていたのだから、その景観の変更について、片方が異議を唱えた時点で、その変更は景観破壊になるのである。

建設側は、きわめて自己中心的な論理を展開している。マンション業者は、この地域の景観がすぐれていることを売り物にしているのだった。そう言いながら、同時にその景観を変更しているのである。この行動は明らかに矛盾しているが、ここには、すこしくらい変更しても自分たちが利益を得ればいいという思惑が、見え隠れしているのだ。

しかし、すこしならいいかどうかは、また別の主題である。もとの景観が破壊されている事実は動かない。結果として、両者ともに良いと認めている景観を、眺望として享受する側と、破壊されたと感じている側が存在するという事実が、生じてしまった。これは一方的な景観奪取である。法はそれでいいと結論しているが、倫理的にこれを認めるのは不可能だ。

最高裁は「高さや容積の点を除けば」建物の外観には景観の調和をみだすような点はない、とする。だが、何人かの論者も指摘するように、この件では、建物の高さこそが景観にとって最大の問題だったのだ。すると、高等裁判所が指摘した、住民が二〇メートル以下の抑制に「腐心するあまり一切妥協せず」という非難は当たらない。住民が譲ることができない一線は高さなのだから、これが認められなければ、いくら景観利益が法的に承認されても、この訴訟そのものの具体的、現実的な意味はなくなってしまうのである。

経済と環境の調和という視点からは、建物の高さを二〇メートルにして、収益との調和を図ることができなかったのか、という疑問が残る。住民側がその計画案を提出したが、高裁はその案は商品性がないとしている。

このように、倫理的には明らかに住民側の主張を支持できるのに、法的判断の結果、景観は一方的に破壊されたままで、われわれはあいかわらず憮然としている。しかし一方的だとなぜ倫理的にいけないのだろうか。また、この実例は、双方が良い景観をあらかじめ認めていたので、判断の基準があった。しかし、両方が共通して認めている景観がなくて、判断基準がない場合は、主観同士が直接ぶつかることになる。これも考え合わせながら、もうひとつの実例を分析してみよう。

Landscape Mansion

4　吉祥寺の赤と白の家

†漫画家の家

国立から十五分も電車に乗ると吉祥寺に着く。景観における色彩が争点になった実例はいくつもあるだろうが、これを書いている時期に起こったのは、漫画家の楳図《うめず》かずおが、吉祥寺に建てた仕事場としての家である。この家は、二階建ての家壁が、赤と白の横縞模様に塗られており、煙突状の円柱には眼がついているし、緑の張り出し部分などもあるので、周囲の二軒の住民が、景観を破壊するとして訴えた。

この家のある地域は、いわゆる閑静な住宅街で、吉祥寺の喧騒はここには届かない。見物人が入れ替わりやってきて、家を見上げては、写真を撮ったり、ため息をついている人もいる。

住民による工事差し止めを求めた仮処分の申請があったが、却下された。さらに二〇〇九年一月の東京地裁の判決は、住民側の請求を棄却した。この地域に外壁の色彩についての法的規制や住民間の取り決めがない、周辺には青や薄紫の外壁などさまざまな色の建物がある、仮に景観利益があるとしても、周囲との調和を乱すような建物ではない、建物の配色が不快を抱かせるとしても、私生活の平穏を、受忍限度を超えて侵害していない、という論旨だった。法的にはこういうことだ。

家が二階建てなので、高さは争点にならない。だから論点は、地域という面的な景観ではなく、周囲からの眺望、この場合は形態、色彩の妥当性になるわけだ。景観法八条3の二も、「高さ」の限度とならんで、「形態、色彩」について述べている。国立の例では、眺望利益と景観利益が重なっていたが、ここでは眺望利益だけが独立している。

そこでとくに色彩について、住民側の主観が肯定できるのか、という点が最大の論点になる。国立の件は、両方が認めるいい景観が前提にあった。だからもとの景観の変更は、即座に現状の持続不可能につながり、景観破壊になった。さらに面的景観は個人のものではないという点については、地域住民や行政までが反対したので、主観は束になって、正当性を主張できた。だが、吉祥寺の場合には、周囲だけからの眺望なので、二軒だけの文字どおりの主観である。この件では、主観同士が、直接、衝突しているのだ。

個人の主観的な眺望が認められるには、風致地区などの指定、海が見える別荘地、眺望が売り物のマンションなど、明確な根拠がないとむずかしい。都市住民の流動性という特徴も加わる。新しい住民が、この縞模様の眺望が好きだとか、慣れるということは、容易に考えられるからである。

†都市生活者の暗黙のルール

けれども倫理的に考えると、この実例は、従来の景観や眺望についての議論を深め、新しい観点を提起しているのだ。この景観論争は、騒音被害の問題に似ている。たとえば、クラシック音楽が世界的に認められている芸術だからといって、住宅街で、大音響でこれを楽しむのは慎むべきだ、というのは周知のルール、言いかえれば倫理観だ。音楽が聞こえている住民には、演歌しか聴かない人や、音楽が嫌いな人や、その他の事情があるひともいる。

ここでは、狭い地域におおぜいの住民がひしめきあって生活するときに必要なルールが、厳然と確立している。一方的に自分の生活を楽しむのではなく、いやがられる可能性のあることはしない、お互い譲り合いながら生活しましょう、という暗黙のルールである。

暗黙のルールであって、公示されてないから、法的に認められないという反論も肯定しがたい。音楽はちいさい音で聴きましょう、ということまで条例化するのでは、あらゆる細々したことまで条例化の対象になって、都市生活は条例だらけになってしまう。

行政が景観保護の主体である、という国立裁判の高裁の考えをそのまま肯定できないのは、こういう場合もあるからなのだ。「都市生活者の暗黙のルール」、すなわち倫理観、でじゅうぶんなのではないか。これは私がつくった言葉だから、別の言葉に置きかえてもらってかまわないのだが、一方性の否定は、すでに都市住民のだれもが了解して、守ろうとしているのではないだろうか。

†一方性の否定・主観の肯定

すると、赤白の家についての裁判所の結論だけでなく、これを支持する一般の人も、現代のわれわれの倫理観の趨勢からは、はずれた判断をしていることになる。

赤白の家の肯定は楳図の主観の一方的な支持になる。氏の漫画の愛読者がいるのとは反対に、きらいな人もいる。きらいな漫画は読まなければいいが、この場合は、きらいだと言っているにもかかわらず、楳図的、個性的世界を、いいものでしょう、と一方的に押しつけていることになっているのである。住民にすれば、きらいな漫画を毎日読めと言われているようなものなのだ。

音は部屋のなかに入ってくるから暴力的で、色はそうではない、というのも当たらない。縞模様の外壁が完成した場合の、住民の窓から見た想像図が、裁判所に提出されたのを、東京新聞で見た。ある日を境に、朝、起きてカーテンを開けると、赤と白のまだらの壁が目に飛び込んできて、これから毎日、これを見ながら過ごすことをおもうと、絶望的になる人がいるのは、理解できることではないのだろうか。棟図の主観は全面的に肯定されているのに、もとからの住民の主観は、完全に否定されたままなのだ。都市生活者の暗黙のルールは、一方的な行動を否定するのではなかったのか。

もうひとつ似たような倫理的傾向もある。セクハラである。身体的なものは除いて、おなじ言葉でも、ある人は傷つき、他の人はそうでないことはしばしばだが、この傷ついた人の主観性もできるだけ保護しようというのが、現在の考えなのだ。

したがって、もとからの住民が不愉快だとするのは、たしかにまったくの主観なのだが、それは主観だというだけで、配慮されないままでいいのだろうか。セクハラで傷ついた人のまったくの主観も、一定の範囲で肯定されるのではないのか。

このように現在の社会の了解事項として、一方性を排除し、個的な主観も可能な範囲で否定しないという倫理観は明確にあるのだ。

†主観の調停

しかしまったくおなじ理由で、赤白に反対する住民の主張も、一方的では認められないのである。この住民の主張にある種のヒステリーを感じる意見もあった。もとからの住民の見解が認められれば、ほとんどの主観が権利をもつことになって、社会は自己主張の坩堝《るつぼ》と化すのではないか。そのとおりなのだ。だから赤白を否定する住民の意見もそれが一方的であるかぎり、全面的には肯定できないのである。

一方的な自己主張は、都市生活の習慣のなかで、事実として認められていない。ゴミは決められた曜日に出しましょう、公園ではキャッチボールをしないようにしよう、バスや電車に乗るときは、順序よく並ぼう、などの決まりは、自分の一方的な都合だけで行動するのでは、他人の迷惑になるからである。

赤と白について一方的な判断が生じているのは、どちらにしても、景観が客観的にあるという、まちがった前提にもとづいているからなのだ。赤白の家を、通行人や見物人が、とくに不快とは感じないと主張するのは、意識はしてなくても、景観が客観的にある、あるいは客観的に判断できるという前提に立っているからなのである。

すなわち、若者の街吉祥寺にふさわしい、かわいい、北欧風で好感がもてる、反対に、どぎつすぎる、周囲にふさわしくない、これらの意見のどっちにしても、この件を判断する根拠にはならない。かれらの主観が置かれている立場は、構図とも、もとからの住民ともちがうのだ。かれらは、この問題を客観的に判定しているのではないか。

裁判所の立場でさえそうなのだ。ここでも、景観は客観的に判断されていて、その結果は一方的になっている。

私が見るところ、吉祥寺の赤白の家についての論争では、どちらか一方が支持されているだけなのだ。そうではなく、都市生活者間での一方性の否定と主観性の尊重という倫理観からすれば、双方の主観とも認められ、双方がすこしずつ譲るしかないのである。和解が良かったのだろうが、裁判の判断にしても、双方の譲歩を求めるべきだと、倫理の立場からは言えるのである。

†自己規制的、継続的な努力

法の判断のなかで、いちばん納得できたのは、住民がこれまで景観の維持に自己規制的、継続的に努力してきたか、という視点だった。倫理的にもこの規定は承認できる。というのも、その場所を通勤、通学などで通行しているだけの人や、たまたま移住してきて、漫然とその景観を楽しんでいる人が、土地の所有者が、その有効利用をはかって、建物を建てて利益を得ようとするのを一方的に制限できる、という主張には、首をかしげざるをえないからだ。

土地の所有は、そこからの利益を考えてだから、反対する側もそれに見合う努力があってしかるべきだ、というのはもっともな議論である。法のこの見解は、一方的な主張を嫌悪する「都市生活者の暗黙のルール」にも合致している。

自己規制的、継続的な努力があったか否かについては、裁判の判断にゆだねよう。国立の件について地裁は認め、高裁は否定し、最高裁は住民の意識が高いことを認めた。裁判もゆれているのだ。吉祥寺の場合は、工事の差し止めについての地裁の判断は、住民の努力を否定している。これだけ確認しておこう。

倫理的には、国立市が地区計画・建築条例を制定して、建物が既存不適格になったことが象徴的だ。これで将来の建て替えに制限がもうけられたので、まさに、未来世代への責任がはたされたことになる。しかし同時に、これからも二〇メートル以下の建物で満足しなければならない、という地域住民の自己規制の継続の努力も、この条例は要求しているのである。吉祥寺の件では、こういう地域での自己規制的、継続的努力を根拠とすること自体が無理なのではないか。

こう考えてくると、ふたつの事件についての、われわれの釈然としない感じの根拠も、いちおうはっきりするのではないだろうか。現実の都市生活を、「都市生活者の暗黙のルール」という倫理観によって、一方的に自分の生活を楽しむのではなく、お互い邪魔にならないように生活してきたのに、突然、巨大な建物や、自分勝手な色彩が出現して、しかもその存在について正義を振り回していることになるのである。

主観性の保護については、国立の例は吉祥寺よりはるかに大規模だが、両方とも問題の本質は変わらない。住民の主観は一方的に無視されたままなのだ。ふたつの事件とも、具体的にどうするかは、話し合いによるしかないが、すくなくともどちらかの主観だけが一方的に肯定されるのは、他の倫理観との比較からしても、容認できないのである。

5　都市景観の倫理

†景観法と環境倫理

倫理学のこういう主張が社会から認められるとしても、法の判断も法的には正しい。法治国家だから、法の結論で社会を運営するしかないが、それでは倫理学の研究は無意味になるのだろうか。

景観については、法と倫理は原則的には一致している。二〇〇四年に制定された「景観法」が、「都市、農村漁村等における良好な景観」を求めているのには、だれも異存はない。そのなかで、景観は「地域の自然、歴史、文化等と人々の生活、経済活動等との調和により形成される」という言葉がある。自然や地域のこれまでの状態を守りながら、経済も発展させよう、という趣旨である。この文言は、「持続可能な発展（Sustainable Development）」という環境倫理の倫理観と、合致している。一九八七年に「環境と開発に関する世界委員会」が『われわれの共通の未来』のなかで提唱したこの標語は、環境についての中心的な倫理観のひとつである。

持続可能な「発展」からすると、景観はつくるものだ、という視点も考え入れなければいけない。環境は守るもの、となんとなくおもい込んでいると、とんでもない意見のようだが、国立の街並みも、もとはつくったものだった。景観法にも「新たに良好な景観を創出することを含む」とある。

また景観法は、「将来の国民が」景観の享受ができるように、と述べているし、住民には評判の悪かった高裁の判決文のなかにも、「時代及び世代を超える」地域社会全体の利益として、という言葉が見える。つまり子孫にいたるまで良い景観を享受できるように、自然、歴史、文化、経済の調和を長期的な視野で考えよう、ということだ。

これは「未来世代への責任」という倫理観と軌を一にする。未来世代への責任という倫理観は、世代間倫理ともいわれる。ヨナスという人が唱えた説で、これまでの倫理学がおなじ世代の

間だけの関係を考えていたのにたいして、環境問題などは現在の世代と未来の世代との倫理関係を考えねばならないと主張する。この学説の評価はさまざまにしても、しだいに定着しているのは、いろんな局面でこの言葉が使われているのを見れば分かることだ。

このように景観法は、持続可能な発展や未来世代への責任という環境倫理の倫理観と、共通の意識をもっているのである。

†法への提案

それでも国立のマンションは空をさえぎっている。現時点で、二〇メートル以上の部分を撤去して、住民を退去させろというのは、マンション住民のさまざまな利益を侵害することになって、倫理的にも認めがたい。それじゃあ、法すれすれのところで無理に高層建築を建てることが今後とも起こるんじゃないか、と危ぶむ声があがるかもしれない。

しかし倫理と法の方向はすでに一致しているのだ。景観についての基本的な倫理観は、持続と発展、経済と自然、現代と未来の調和を目ざしている、つまり一方だけの発展は認めていないのである。法は最低限のルールであり、法律だけ守っていればいいのでは、社会の未来はおぼつかない。建築基準法自体が「最低の基準」（同法一条）にすぎないと自覚しているのだ。

すると以上の倫理観は、最高裁が建物を認めた、公序良俗違反や権利の濫用には当たらない、という理由と接点はもたないのだろうか。この事件の時点では該当しなかったかもしれないが、次におなじような事件が起きても、裁判所は、社会が推進している、持続可能な発展、企業の社会的責任などの倫理観の高まりを無視するのだろうか。

吉祥寺の例もおなじである。楳図の家を「公序良俗違反や権利の濫用」とまで言うのは大げさだが、一方性や主観の尊重という現代の倫理観からすると、住民の言い分を、全面的にではなくても、もうすこし具体的に認めてはどうか、とおもえるのだ。

ひとつのおなじ社会でありながら、法と倫理がまったくちがう見方をもったままでいいのだろうか。倫理からの研究、発言は法から独立し、並行しているだけでは無意味だし、法も倫理研究をまったく無視して、自分の領域に閉じこもって事件を判断していくつもりではないだろう。倫理からの発言の有用性は、こういう指摘をするところにある、と考えているのだが。

†都市景観の倫理

「景観法」に類するものは、一、都市計画法の「美観地区」。二、古都保存法の「歴史的風土特別保存地区」、文化財保護法の「伝統的建物群保存地区」。三、都市計画法の「地区計画」、建築基準法の「建築協定」。四、地方自治体の景観条例などがある。

この章では都市景観だけを扱った。ここでは、住民が企業を訴えた例と、個人が個人を訴えた例のふたつだけだったが、この他にも、個人が企業を訴えるとか、逆に企業が個人を、あるいは個人↓住民、住民↓行政、住民↓住民など、実例によって事情がちがってくる。

いずれにしても都市景観については、持続可能な発展という環境倫理の基本的倫理観のもとに、現実の判断は、都市生活者の暗黙のルールによる一方性の否定と、主観性の肯定を基礎にできるのではないか。その細目として、もとからの住民の自己規制的、継続的努力、主観の数、双方の主観がどう支持できるか、などの具体的な項目を適用したり、新しい別の具体的な項目が必要とされたりするだろう。

それにしても、同種の事件が頻発しているのを見ると、都市景観について、具体的な共通認識を確立する時期にきているようにおもうのである。

■**参考文献**

第一の種類の裁判（住民が明和地所を訴えた裁判）
前半（建設禁止仮処分の申立て）
東京地裁判決　北河論文による。
東京高裁判決「判例時報」一七六七号、平成十三年。
後半（建物の違法部分の撤去請求）
東京地裁判決「判例タイムズ」一一二九号、二〇〇三年。
東京高裁判決「判例タイムズ」一一七五号、二〇〇五年。
最高裁判決「判例タイムズ」一二〇九号、二〇〇六年。
第二の種類の裁判（住民が東京都などを訴えた裁判）

東京地裁判決「判例時報」一七九一号（住民が東京都と国立市相手に起こした訴訟）平成十四年。

東京地裁判決「判例時報」一七九一号（住民が東京都多摩西部建築指導事務所長にたいして起こした訴訟）平成十四年。

東京高裁判決「判例時報」一八一五号（住民が東京都多摩西部建築指導事務所長にたいして起こした訴訟）平成十五年。

最高裁判決　北河論文による。

第三の種類の裁判（明和地所が国立市を訴えた裁判）

東京地裁判決「判例タイムズ」一一一三号、二〇〇三年。

東京高裁判決「判例時報」一九二七号、平成十八年。

最高裁判決「平成二〇年度　市報くにたち　五月五日号（No.915）」。


ヨナス、ハンス『責任という原理――科学技術文明のための倫理学の試み』加藤尚武監訳、東信堂、二〇〇〇年。

安彦一恵他『〈景観〉を再考する』青弓社、二〇〇四年。

安彦一恵他『風景の哲学』ナカニシヤ出版、二〇〇五年。

吉村良一「景観保護と不法行為――国立景観訴訟最高裁判決の検討を中心に」『立命館法学』三一〇号、二〇〇六年六号。

大野武「都市景観をめぐる紛争と法――私法と公法の役割と限界」『借地借家法の改正・新景観法』有斐閣、平成十八年。

石原一子『景観にかける——国立マンション訴訟を闘って』新評論、二〇〇七年。

北河隆之「景観利益の侵害と不法行為の成否」『琉大法学』七七号、二〇〇七年。

山本敬三「民法における公序良俗論の現状と課題」二〇〇六年（http://lp21coe.law.kyoto-u.ac.jp/occasional/pdf_occa/19_yamamoto.pdf）。

＊　赤白の縞の家の事件については左の新聞記事を参考にした。
『日本経済新聞』二〇〇七年十月十二日夕刊。

『東京新聞』二〇〇七年十月十三日朝刊。

『産経新聞』二〇〇七年十月十三日。

第5章　捕鯨と脳死

1　シー・シェパード

†調査捕鯨の妨害

二〇〇八年一月十六日の新聞各紙は、アメリカの環境保護団体、シー・シェパードが、十五日、わが国の南氷洋での調査捕鯨を妨害した事件をいっせいに報じた。調査捕鯨船がビンを投げられるなどの妨害を受け、船内に乗り込んできた二人を拘束したと伝えている。同様の事件は、前の年の二月にも起こっている。ついで三月三日には、またまたシー・シェパードの船から妨害行為を受けた記事が掲載された。

外務省は、シー・シェパードに所属する船がオランダ船籍なので、オランダ政府に抗議した。団体の本部が米国、活動拠点がオーストラリア、船籍がオランダなのである。

捕鯨についてのこの種の事件は、今後もつづくだろう。新聞も、毎年、ちいさくだが取り上げていて、われわれは捕鯨の問題がずいぶん前から未解決のまま、もち越されているのを知っているし、シー・シェパードの行為を不快におもっている人もおおい。捕鯨は、環境保護や資源保護の分野で扱われるべき課題とされ、国際捕鯨委員会で、長年、討議されている。この章は、二〇〇八年現在の状況をもとに執筆した。

† 戦後の捕鯨禁止

一九四八年には国際捕鯨取締条約（International Convention for the Regulation Whaling）が発効し、国際捕鯨委員会（ＩＷＣ International Whaling Commission）が、鯨類の資源管理を実施した。さらに一九八二年に国際捕鯨委員会が、捕鯨モラトリアム（Commercial Whaling Moratorium）などを定めたこともあって、一九八七年に、わが国の南氷洋捕鯨、翌年には沿岸捕鯨が中止された。その後、調査捕鯨だけに限定して、一九八七年から南極海で、一九九四年から北西太平洋で捕鯨をおこなっている。

国際捕鯨委員会は、年に一度ひらかれていて、わが国は資源の回復が確認できる種類については、捕鯨の存続を主張している。もうひとつ、先住民が食料を得るためや、祭祀にもちいるためにおこなう、原住民生存捕鯨（Aboriginal Subsistence Whaling）が認められているが、日本の沿岸小型捕鯨業は、これとおなじで、社会経済的、歴史的意義をもつ、という論点もある。この問題についてのわが国の主管は水産庁で、外務省漁業室もかかわっている。

これにたいして捕鯨にもっとも強硬な意見をもっているのが、オーストラリア、ニュージーランド、アメリカ、イギリスで、すべての捕鯨に無条件で反対している。もちろんこれらの国のなかでも、意見はいろいろあるが、基調は反捕鯨で、その論拠は、鯨類資源については科学的には証明が不確実だというものだ。

この問題でも、科学的調査が学術的か、「絶滅のおそれのある野生動物の種の国際取引に関する条約」であるワシントン条約の違反ではないか、などの諸点について、学者の意見はまちまちだ。わが国

環境と経済を再考する

倉阪秀史　持続可能性、外部性、コミュニティ等、重要キーワードを再考。新しい経済システムのあり方を展望する。　**A5判　2310円**

ビジネス倫理の論じ方

佐藤方宣編　ビジネスと倫理をめぐる様々な現代的問いを経済思想史的に考察。現代のビジネスエシックスの可能性を探る。　**四六判　2730円**

日本的雇用システム

仁田道夫・久本憲夫編　賃金・能力開発・人事部等６つの観点からその歴史的形成過程を明らかにし、雇用問題の核心に迫る。　**A5判　3780円**

企業の一生の経済学 —中小企業のライフサイクルと日本経済の活性化—

橘木俊詔・安田武彦編　誕生から成長、成熟、衰退、退出まで、企業のライフサイクルを経済学的に分析。　**A5判　3360円**

女性の人材開発

川喜多喬編　シリーズ〈日本の人材形成〉　働く女性たちのキャリア開発にとって重要なこととは何か。本格的実証研究。　**A5判　3360円**

雇用形態の多様化と人材開発

奥西好夫編　シリーズ〈日本の人材形成〉　雇用・就労形態の多様化が人事管理とキャリア開発にもたらす影響を考察。　**A5判　3675円**

国際化と人材開発

小池和男編　シリーズ〈日本の人材形成〉　国境を越えて活躍するビジネスマンたちのキャリア形成過程を明らかにする。　**A5判　3780円**

はじめて経営学を学ぶ

田尾雅夫・佐々木利廣・若林直樹編　最新のトピック満載のスタンダード・テキスト。これ一冊で経営の基本がわかる！　**A5判　2310円**

コミュニティ・ラーニング —組織学習論の新展開—

吉田孟史編　コミュニティはいかにして知識を創造し、獲得し、普及し、蓄積していくのか。　**四六判　2310円**

企業変革の人材マネジメント

若林直樹・松山一紀編　成果主義に代表される近年の日本企業の人事制度改革をさまざまな角度から包括的に再考する。　**A5判　3675円**

(090520)

情報とメディアの倫理

渡部・長友・大屋・山口・森口　シリーズ〈人間論の21世紀的課題〉
医療の現場、生命の価値、社会の中の医療を問う。　**四六判　1995円**

グローバル世界と倫理

石崎・太田・三浦・山田・西村・河村　シリーズ〈人間論の21世紀的課題〉
グローバル化の暴走に倫理の楔を打ち込む。　**四六判　1995円**

情報倫理学入門

越智貢編　頻発するインターネットや携帯電話などの情報機器による問題や情報倫理教育の課題を、倫理的立場から考察する。**四六判　2730円**

はじめて学ぶ生命・環境倫理―「生命圏の倫理学」を求めて―

徳永哲也　いま何が問題なのか、自分の頭で考え抜くための土台を提供する応用倫理学入門。　**四六判　2625円**

よく生き、よく死ぬ、ための生命倫理学

篠原駿一郎・石橋孝明編　「よき生」の仕上げとしての「死」を念頭に置きつつ、生命倫理学の諸問題を論じた入門書。　**四六判　2625円**

スポーツ倫理学講義

川谷茂樹　スポーツの倫理をめぐる具体的な問題を、原理的な問いまで遡って考察する驚きの倫理学。　**四六判　2520円**

応用倫理学の考え方―生命・環境・経営倫理と社会問題―

小阪康治　医療事故・環境破壊・企業の不祥事などの実例を通し応用倫理の基礎を構築。社会の倫理問題に答える骨太の倫理学。**四六判　2415円**

現代倫理学

坂井昭宏・柏葉武秀編　メタ倫理学、規範倫理学、応用倫理学を体系的に概説。現代倫理学のエッセンスを学べる入門書。　**A5判　2520円**

エチカとは何か　―現代倫理学入門―

有福孝岳編　人間性を見失った現代だからこそ、古典的倫理思想史から臓器移植やクローンなどの現代的課題までを考える。　**四六判　2520円**

ドイツ応用倫理学の現在

L.ジープ／K.バイエルツ／M.クヴァンテ著　ジープ／山内廣隆／松井富美男編・監訳　ドイツにみる生命と環境の倫理学。　**A5判　3990円**

悪と暴力の倫理学

熊野純彦・麻生博之編　叢書〈倫理学のフロンティア〉 時代と社会を表出する「悪と暴力」を真正面から論じる。　**四六判　2520円**

古典的政治的合理主義の再生

L.シュトラウス　石崎嘉彦監訳　叢書〈フロネーシス〉 近代を超えるシュトラウス思想の神髄。　**A5判　3990円**

リベラリズム　古代と近代

L.シュトラウス　石崎・飯島他訳　叢書〈フロネーシス〉 近代的合理主義と近代的「自由」を乗りこえるための古代の自由論。**A5判　4620円**

ポストモダン時代の倫理

石崎・紀平・丸田・森田・吉永　シリーズ〈人間論の21世紀的課題〉
人間として共に生きるための倫理のあり方を探究。　**四六判　1995円**

科学技術と倫理

石田・宮田・村上・村田・山口(修)・山口(裕)　シリーズ〈人間論の21世紀的課題〉
科学技術と現代人の生き方を考える科学技術倫理の初歩。**四六判　1995円**

福祉と人間の考え方

徳永・亀口・杉山・竹村・馬嶋　シリーズ〈人間論の21世紀的課題〉
生きにくい社会を見直し、諸問題に言及した現代社会論。**四六判　1995円**

経済倫理のフロンティア

柘植・田中・浅見・柳沢・深貝・福間　シリーズ〈人間論の21世紀的課題〉
経済のさまざまな領域で噴出する倫理的問題を解説。　**四六判　1995円**

医療と生命

霜田・樫・奈良・朝倉・佐藤・黒瀬　シリーズ〈人間論の21世紀的課題〉
医療の現場、生命の価値、社会の中の医療を問う。　**四六判　1995円**

環境倫理の新展開

山内・手代木・岡本・上岡・長島・木村　シリーズ〈人間論の21世紀的課題〉
実践的自然哲学にもとづく「使える倫理」を探求。　**四六判　1995円**

教育と倫理

越智・後藤・谷田・衛藤・上野・秋山・上村　シリーズ〈人間論の21世紀的課題〉
モラルとは何か。モラルを教育することとは何か。　**四六判　1995円**

カント哲学のアクチュアリティー

坂部恵・佐藤康邦編　道徳、自然、美、平和等、今なお問われてやまない主題群からカントの思考に肉迫する。　四六判　2730円

ウィトゲンシュタインの「はしご」—『論考』における「像の理論」と「生の問題」—

吉田寛　従来の『論理哲学論考』解釈で断絶して扱われてきた、言語論と倫理という主題を統合し、本来の思想的内実に迫る。　A5判　4200円

哲学の問題群—もういちど考えてみること—

麻生博之・城戸淳編　生きることや幸福、心・自由、存在・時間、愛・性・死など読者の目線で語る。　四六判　2520円

道徳の中心問題

マイケル・スミス著　樫則章監訳　英米系の倫理学界に多大な影響を与えた独創的で批判的な最良のメタ倫理学入門。　A5判　3990円

クリティカル・シンキング入門

アレク・フィッシャー著　岩崎豪人・品川哲彦ほか訳　豊富な例文と練習問題で基礎から鍛えられる大学レベルの思考の技術書。A5判　3570円

道徳の哲学者たち—倫理学入門—【第2版】

R.ノーマン著　塚崎智・石崎嘉彦・樫則章監訳　古代から現代までの主な倫理学説を説き、さらに幸福や善や正義などを解説。　A5判　3990円

正義と境を接するもの—責任という原理とケアの倫理—

品川哲彦　生身の人間の傷つきやすさと生の損なわれやすさを根底にしたもうひとつの倫理。　A5判　5040円

自己決定の倫理と「私-たち」の自由

小柳正弘　ミードの社会的自我論の観点から、共同体の中での他者と自己との繋がりに基づいた、新たな「自由」を模索する。四六判　2520円

〈いのち〉のメッセージ—生きる場の教育学—

若林一美　深い悲しみと向き合ってきた、同時代を生きる人たちの証言と事例を通し、いのちを学ぶことの意味を考える。　四六判　2310円

リベラル優生主義と正義

桜井徹　遺伝子テクノロジーと人間の福利追求の功罪を歴史・理論・倫理の視点から問い、子孫の幸福選択の是非も考察する。　A5判　3150円

では、水産庁捕鯨班を中心に、かなりの数の捕鯨関係の協会が、活発な議論を展開している一方で、歩み寄りのための努力もつづけられている。

†法、資源保護、文化についての争点

捕鯨については、事実についての非難の応酬と、法的争点、資源保護、それから日本の主張の一部である原住民生存捕鯨、言いかえると文化的な面の問題がある。

このうち事実については、シー・シェパード側も、発砲されたなどの被害を語っているが、その確認を、今、この本でするのはむずかしい。こういう水掛け論は、これまで何度もあったし、これからもあるだろう。国際委員会で取り上げるべきことだ。

法的には、オーストラリアの定めた捕鯨禁止区域だということなのだが、オーストラリアはもともと南極大陸全体の領有権を主張していて、それにもとづいた禁止区域なのである。しかし南極大陸がどこの国にも属さないことは、一九六一年発効の南極条約で、南極の軍事的利用の禁止、領土権・請求権の凍結などが定められている。オーストラリアの立場を支持する国は、ほとんどないだろう。オーストラリアだけの見解をもとにして法的違反をもちだしても、国際的には無効なのである。

資源保護のための調査捕鯨は、国際捕鯨委員会も認めているのだから、シー・シェパードの妨害行為はなんの根拠もない。わが国の正当性はまったくゆるぎのないものだ。

ちょうどこの時期、英国のヒースローで開催中の国際捕鯨委員会は、「捕鯨と鯨類調査活動に従事

する船舶の安全」にかんする委員会決議二〇〇六年二月を、再確認した。この中間会合では、シー・シェパードにたいして、海上における安全を阻害する危険な行動を停止するよう要求し、人命と財産に危険をおよぼす、あらゆる活動を非難することを強調した。シー・シェパードは一九八七年以降、国際捕鯨委員会へのオブザーバー登録を拒否されている。

他の種類の科学的な論争や環境調査とおなじで、資源保護についても、賛成、反対の立場によって、数字やその解釈がちがっている。これについてもここで立ち入ることはしない。

原住民生存捕鯨の本質である文化の面を、この本の主題にすべきだろう。捕鯨という環境問題の根本にあるのは、われわれ日本人の素朴な疑問、なぜ捕鯨について欧米各国から批判されているのか理解できない、という気もちである。ここには、だれもがばくぜんと感じているように、文化による倫理観の相違が現われている。国際間の論争は、この文化意識の点で各国が一致できないことが、原因のひとつになっているようなのである。

2 欧米人の倫理観

†アウグスティヌス

アウグスティヌス（Aurelius Augustinus 三五四－四三〇年）は、キリスト教思想家のなかでも屈指の人物である。活動時期が中世初期ということもあって、さまざまな解釈ができて雑然としていた聖書を、思想的に整理した。その意味でキリスト教思想の基準をつくった人だ。ちょうどローマ帝国がキリスト教を公認して、国教になる時期で、アウグスティヌスもはじめは異教やその他の思想を遍歴したが、ついに洗礼を受けてクリスチャンになり、故郷であるローマ帝国領の北アフリカに帰って、司教に就任し、精力的に布教、著作につとめた。

彼の著作はこの時期のキリスト教思想家のものとしては、いちばんおおく残っている。その後の思想家だけでなく、キリスト教全般に影響があるから、じっさいにアウグスティヌスの著作を読んだかはともかく、その名前は、欧米人ならだれもが知っているような知名度であると言っていい。つまり彼の思想は欧米文化の底流となっているのである。

そのアウグスティヌスが、弟子であるエボディウスとの対話という形式を取って、こんなことを書いている。「エボディウス　その三つとは、在る、生きる、知る（intellegere）、の三つですが、石が存在し、動物が生きてはいても、石が生きているとか、動物が知るとはおもえません。けれども知るものが在り、かつ生きていることが確実なのは明らかです。したがって、この三つをすべてふくむものは、そのなかのひとつを欠くものより、ずっとすぐれていることを、わたしは疑いません。……アウグスティヌス　つまり、死体にはその三つのうちのふたつが欠けており、動物にはひとつが欠けているが、人間にはどれも欠けていない、ということをわれわれは知っている」（『自由意志論』Ⅱ巻3章7）。

人間が他のものとちがうのは、「知る」ことができるからだとされている。これにたいして動物は「生き」ているから、「在る」けれども、「知る」ことがないから、人間よりも下位におかれる。石は

「知る」ことも「生きる」こともできないから「在る」だけで、最下位である。

ほかにもおなじような言いかたをしているので、いろいろ解釈はあっても、初期時代のアウグスティヌスがこんなふうに考えていたことは明らかだ。人間が人間であるのは「知る」ことができるからだ、というのを言いかえれば、人間が人間であるのは「生きている」からでも、「在る」からでもないわけだ。「生きていて」、「在る」、だけなら、動物とかわらない。もちろん「在る」だけでは、人間ではない。人が死ねば、「知る」ことも「生きている」こともできなくなって、死体は「在る」だけで、石ころとおなじ水準のものでしかない。

アウグスティヌスが、西洋の思想にあたえた影響のおおきさからすれば、ここに欧米人の思考法の典型を見るおもいがする。つまり知性を基準にものごとを秩序づける、いわば知性中心主義の原型があるということだ。上から下へと生き物やものを順序づける価値観である。高い知性を備えているほど、上位に位置づけられるから、人間は動物よりも上位になる。

もちろんこのような区分や知性についての考えは、時代や思想家によって変化するし、アウグスティヌスでも定着しているのかという議論も出てくるだろう。だが、西洋にこのような伝統があるのは、さまざまな議論のなかに、はっきりと現われているのである。

✝シー・シェパードの倫理観

シー・シェパードのホームページは、SEA SHEPHERDで検索すると、すぐに見つかる。この年の

事件があった、二〇〇八年一月十七日づけのホームページあたりから、鯨関係の記事がでてくるので、三月十七日くらいまでの論調から、特徴的な部分や興味を引いたものを、抜きだしてみよう。

二〇〇八年三月十三日づけのホームページは、かれらの船が調査船に体当たりしたことを神風になぞらえている。神風（The winds of the Gods）が日本の野蛮な捕鯨船に吹いた、という見出しのもとに、神風が調査捕鯨をする者たちの希望を打ち砕いた、と自賛する。侍は、さぶらう（serve）、という意味からきているが、われわれは鯨にさぶらうのだ、となかなかの博識も披露している。

日本はいまだに、南京大虐殺を否定し、従軍慰安婦問題を否定し、戦時中の捕虜虐待を否定し、インドネシアの熱帯雨林の破壊、世界の海での魚の捕りすぎを否定している。日本の歴史は欺瞞の年代史なんだ。こんな言いかたをしている箇所もある。外国での、わが国についての素朴ではあるが、ひとつの印象と、批判するひとびとの心情は、このあたりにあるようだ。

三月十七日づけのホームページで、カンガルーと鯨の捕殺の比較をしている文章は、興味深い。捕鯨についてのシー・シェパードの主張は、違法性と非人間的（inhumane）のふたつがあるが、違法性については、述べたとおりオーストラリアの国内法であり、国際捕鯨委員会で調査捕鯨は承認済みなのである。だから非人間的という非難が問題を引き起こしている。

シー・シェパードは、たしかにきょくたんな菜食主義者で、肉や魚に加えて、動物から取ったバターや卵、蜂蜜なども食べないと主張する。しかし朝日新聞のポール・ワトソン（Poul Watson）船長への電話インタビューによれば、牛などを殺さない理由は、「牛一頭を育てるには大量の植物が必要。動物を食べると、環境に大きな負荷がかかる」からなのだ。つまり生態系の保護のためなのである。他の一般動物についても、アメリカのバイソンやアフリカの象、オーストラリアのカンガルーを殺すのには反対している。これらに知性（intelligence）があることも確認している。しかし殺すべきでないのは、今、述べたように生態系の保護からなのである。

ところが鯨を殺さないことについては、彼の論文「鯨と、イルカは人間より知的か」のなかで、「捕鯨は倫理的か」と問うて、「人間と同等かそれ以上の知性をもつ被造物を、虐殺しつづけることができるのだろうか」と否定している。鯨は知性があるから殺すべきではないのだ。鯨と他の動物では、保護の理由がちがうのである。

この論文では、日本人が鯨類をただのおおきな魚で、海のゴキブリと考えている、と指弾する。それから哺乳類の脳の構造を分析して、鯨類の脳は人間よりすぐれているとも主張している。その他にも体と脳の割合、技術をもたないこと、ＩＱの比較などがあるが、これらのこまごまとした論点に、いちいち立ち入る必要はないだろう。彼の基本にあるのは、人間と同等かそれ以上の知性をもつ生き物を殺しつづけるべきではないという視点、つまり知性のあるなしなのだ。その他にも「知性的な鯨」という論文もある。

他の動物も知性をもってはいるが、鯨や人間よりもその水準が低い。だから鯨は知性という理由で保護され、牛や馬は生態系の保全という理由で保護されるべきなのだ。

†他の欧米人の倫理観

この思考法は他の欧米人になると、もっとはっきりする。カンガルーの保護についてシー・シェパードと論争になっている、オーストラリアの環境大臣やグリーンピースも、鯨を殺すことは認めない。この点ではシー・シェパードとおなじなのだ。ところが環境大臣やグリーンピースにとって、カンガルーを殺すことはなんの問題もないのである。グリーンピースは牛よりカンガルーのほうが持続可能だとして、カンガルーの肉の生産を薦めている。オーストラリア政府は、カンガルーをほかの場所に移すのは非人間的であり、殺すほうがずっと受け入れやすいし、経済的でもある、と結論づけている。

こういう箇所に、欧米人の感性の分からなさを見る日本人は、おおいのではないだろうか。鯨を殺すのには反対しながら、カンガルーを殺すのは人間的なのだ。よそへ移すほうが非人間的なのである。鯨よりカンガルーのほうが、下位におかれて、明らかに扱いが冷たいのである。おおくの日本人は、鯨を殺すのが非人間的なら、カンガルーを殺すのもおなじだと考えるはずなのだ。

オーストラリアではカンガルーを食べているということに、日本人は仰天させられるだろう。食用やペットフードとしても販売されているそうだ。カンガルーを食べるのか、と日本人はいやな気もちになるが、これを逆にしたのが、日本人が鯨を食べることに欧米人がもつ嫌悪感だろう。これくらいの想像はつく。

ふえすぎて生態系をこわしている動物を捕殺するのは、わが国でもおこなっている。捕殺した動物を、食べたり、食べなかったりしている。猪や鹿などは食べるし、熊も食べているそうだ。猿を殺す

ことも あるが、食べないだろう。こういうことは国内事情や、その地域の習慣もあるから、おたがい認め合いましょう、というところではないのだろうか。

朝日新聞の記事には、ふつうの欧米人の感じかたも、垣間見える。ワトソン船長への電話インタビューの後に、菜食主義者ではない欧米人二人へのインタビュー記事があった。鯨を食べた三十歳のスペイン人男性は、「鯨は知能が高く、人間に近い。抵抗があった」と感じている。オーストラリア人で、三十八歳の男性は、知らずに食べたが「後から鯨だといわれて嫌だった」と語っている。欧米のごくふつうのひとびとも、人間への知的な近さゆえに食べたくないのである。

ここに取り上げた人たちの感じかたには、細かいちがいはあるにしても、シー・シェパードもふくめて、一貫した思想が見られる。知性中心主義である。

†欧米人とアウグスティヌス

これ以上、説明の必要はないだろう。シー・シェパードや、オーストラリアの環境大臣やグリーンピース、ふつうの欧米人にとって、知性が基準になっているのは、アウグスティヌスとおなじなのだ。そしてこの思想的背景が、捕鯨に反対する国々の根底にあると推測できるのである。

人間と鯨に共通するのは、欧米伝統の基準である知性をもっているということである。シー・シェパードだけでなく、その他の欧米人の主張のなかに散見される、知性あるいは非人間的（inhumane）という言葉に、この議論は収斂する。inhumaneはどのようにも訳せるけれども、ここでは文字通り、非人間的と理解しておいていい。それは知性があるという視点と、表裏一体のものなのだ。

イルカについても、シー・シェパードは、イルカ虐殺反対のキャンペーンをはって、和歌山県太地町のイルカ捕殺のドキュメンタリーや写真に、賞金をつけていた。

この種の事件はいくらも起こっているが、イルカで目についたのは、サンダンス映画祭のドキュメンタリー部門で、観客賞を受賞したルイ・シホヨス"The Cove"（『入江』）が起こした議論である。太地町で撮った映画についてのインタビューに答えた会話は、次のようである。

インタビューアーの質問は、おおくの日本人の気もちを代表している。「ルイ監督の意見もわかるが、イルカやクジラは知能の高い動物だから保護し、鶏や牛や豚などの家畜類は殺してもOKというのは、都合のいい人間のエゴではないのだろうか」。「その点については、僕も同感さ。確かに動物福祉問題で、僕らのようなOPS（海洋保護協会）の者が、議論で勝つことは難しいと思う。オーストラリアでは、カンガルーを殺して肉にしていたのを見たし、アメリカで家畜が殺されているのも見たことがある。一方の動物だけを生かし、ほかの動物を殺すのは、確かに矛盾がある」。この監督は率直な人である。

しかしこの映画を見た、オーストラリア北西部のブルーム市は、二〇〇九年八月二十二日の市議会で、イルカ漁がつづくかぎり、太地町と姉妹都市提携を停止すること一時決定したし、おおくの非難も巻き起こっている。これらは、この映画によって、イルカに多量の水銀が蓄積されていること、その肉が鯨の肉として売られていることを伝えたと、同監督が弁明するのとは、まったく別の視点なのである。

けっきょく捕鯨やイルカの捕殺が批判される理由は、資源保護という立場のいちばん奥に、牛や豚やカンガルーとはちがって、知的である鯨やイルカを殺すこと、さらにそれを食べることは野蛮だ、という欧米人一般の倫理観があるようにおもえる。だから資源の回復が確認されている種類についても、捕鯨反対国も依然として禁止を言いつづけているのではないだろうか。

鯨は人間の友だちだ、とくべつな動物である、かわいい、捕殺方法が残虐だ、倫理的な理由で反対する、どんな条件でも捕鯨は認めない、などの感情的な言葉が、いろいろな機会に言い立てられている。

これらについても、いちいち論評する必要はない。基本はおなじなのだ。鯨は人間に近い動物として、牛や豚やカンガルーよりも知性が高いことが根拠になっているのである。イルカも水族館で輪をくぐったりして、アジやサンマなどとはちがうようだ。

この倫理観をアウグスティヌスの区分に当てはめてみると、鯨は知性の点で人間と同等だから、「知る」ことができる人間とおなじに扱うべきだと、かれらには感じられるようなのである。動物はアウグスティヌスによれば「知る」ことはできない。だから牛などは、ただ「生きている」だけの存在でしかなく、この種の動物について、親近感をもつことはむずかしい。シー・シェパードでもかろうじて、生態系の保全からの対応になる。

菜食主義のシー・シェパードでさえ知性を基準にするのだから、オーストラリアの環境大臣やグリーンピース、一般の欧米人にとっては、知性を基準にして、劣っている牛やカンガルーを食べるのは、なんの疑問もないことだろう。

もちろん欧米人のほとんどが、アウグスティヌスの説など読んではいないだろうし、このような倫理観をはっきり意識して発言しているわけでもない。ただ捕鯨と聞くと、幼いころから無意識のうちに慣れ親しんだ、知性中心主義的な文化的倫理観の雰囲気のなかで、なんとなく残虐だと判断してしまうのではないだろうか。

これが日本の捕鯨が世界のなかでほとんど孤立している、もっとも根本的な理由であると推測できるのだ。アウグスティヌスの知性は、千六百年後の今も、欧米人のなかに、脈々と生きつづけているのである。

3　日本人の倫理観

†基準としての生

これにたいして私などは、豚や牛を食べるのなら、鯨を食べてもかまわないじゃないか、と考える。これまた理論的にというより、ばくぜんとした倫理観なのだが、おなじように感じる日本人はおおいのではないだろうか。もちろん日本人も、鯨やイルカの知能が高いことを知っている。母親の鯨が殺されて子鯨だけが泳いでいるのをみると、かわいそうだとおもう。けれどもまったく同様に、母牛から引き離された子牛の悲しみを見ていられないし、その子牛がステーキにされて食卓に供されると、罪の意識を感じる日本人はすくなくないはずだ。

日本人も鯨を殺すのは、こころ苦しいのだ。けれども欧米人たちから、つまり牛や豚や、鶏だけでなく羊やカンガルーまで食べている、それも日本人よりはるかに大量に食べている欧米人たちから、そんなことを言われる筋合いはない、これが一般の日本人の率直な気もちではないだろうか。

この問題の思想的に重要な点は、鯨肉がおいしいか、まずいか、鯨を食べることが伝統的か否かではなく、かれらの判断が理解できないところにある。

シー・シェパードは超過激派で、きょくたんな菜食主義者もいるようだが、おなじことだ。それならまず、カンガルーの精肉工場に体当たりしたらどうなんだ。そうおもう日本人はおおいはずだ。

反捕鯨国の意見を最大限、好意的に解釈しても、かれらの論旨は、ぶれているようにおもえる。牛や豚を食べ、ふえすぎているカンガルーを捕殺するのは、理解できる。この論法からすると、鯨もふえすぎていることが確認できれば、殺して食用にしていい、というのが一貫した論理というものだろう。ところが鯨については言を左右にして反対している。かなりの数の日本人は、欧米諸国の捕鯨中止案は、自分たちの文化的倫理観だけをよしとする、独善的なものだと感じているのではないか。

われわれとかれらの倫理観は、どうしてこんなに異なっているのか。それは、判断の基準がちがうからなのである。日本人のおおくが、牛や豚を食べるのなら、鯨を食べてもおなじではないかと感じるとき、そこにはこれまたばくぜんとだが、別種の倫理観がひそんでいる。それは、牛も豚も鯨もカンガルーもおなじだという倫理観なのである。

それでは、これらの動物がおなじだと規定する根拠はなんなのか。鯨も牛もカンガルーもおなじになるのは、「生きている」という視点に立ったときでしかない。これらの動物は「生」という観点からみると、おなじなのだ。われわれ日本人にとって欧米人の論理が理解できないのは、規準がちがうからなのである。

†涅槃経

この意識の背景として、一切衆生悉有仏性《いっさいしゅじょうしつうぶっしょう》という説を思いだしてもいい。すべて生きているものには、ことごとく仏の本性があるという考えだ。この説は『涅槃経』にあって、その核心は、生きてい

るものはみなおなじだ、というところにある。つまり鯨もイルカも、牛も豚も、あじも、さんまも、バッタもトンボも「生きている」を基準にしたら、おんなじになる。蛾も蝶も、犬も猫も、お釈迦さまもわれわれも、善人も悪人も、みんな「生きている」。この点からみると上下関係はないのだ。もちろんカンガルーも。

だから生きているものはすべて平等になる。ほとんどの日本人は一切衆生悉有仏性などと、意識しているわけではないし、『涅槃経』など読んだこともない。しかし、この説を聞いて、とくに違和感をもつこともないだろう。それはちいさいころから、このような種類の、「生」をたいせつにする話をいろいろ聞きながら育ったからだと推測できる。

むろん日本人も、豚や牛や、鳥や昆虫と、人間をまったくおなじだと考えているわけではない。もともと一切衆生悉有仏性という説によれば、牛や豚や鯨も食べてはいけないのだ。

しかしそれでも捕鯨の話を聞くと、なんで牛や豚を食べてるのに、鯨がいけないのか、と叫んでしまう日本人はおおいのだ。それは「生きている」という基準が無意識のうちに作用しているとしかおもえないのである。牛と豚と鯨と、どこがちがうんだ。おなじじゃないか。「生きてるんだから」。「いっさい、しゅじょう、しつう、ぶっしょう」と読みかたさえたどたどしくても、ほとんどの日本人は、おなじじゃないか、と即座に反応する。おそらく、クリスチャンでも、日本人なら、そうおもう人もおおいだろうと、じゅうぶん予想できるのである。

同様に欧米人も、はっきり意識して人間のすぐ下に鯨を位置づけ、さらにその下に牛や豚を置いているのではないだろう。でもなんとなく知性を基準に判断するくせがついていて、鯨を食べるのは気もち悪い、牛や豚はそんなことはない、と感じているようなのだ。

アウグスティヌスが欧米人のなかに脈打っていたように、『涅槃経』もまた、われわれのなかに、たしかに息づいているのである。おたがい、まったく無自覚なのだが。

† 脳　死

脳死についての議論も、まったく同様なのだ。一九九二年に臓器移植法が成立するとき、脳死を人の死とするかどうかで、大論争が起こったことを覚えている人もおおいだろう。二〇〇九年にも、臓器移植法改正にさいして議論が闘わされたが、問題の本質はおなじなのである。

前回の、臨時脳死及び臓器移植調査会の答申が象徴的だ。このなかには、脳死段階での臓器移植を多数意見としながらも、「「脳死」を人の死とすることに賛同しない立場で」も併記していた。朝日新聞にも掲載されたその第二節の議論が、問題の本質を摘出している。

「われわれは実感としても、「脳死」を死と認めることに賛同できない。なぜなら、「脳死」の人は人工呼吸器をつけてはいるものの、呼吸もあり、体も温かい」。「実感として」、「呼吸もあり」、「体も温かい」という言葉がつづいている。これらは人間の身体的な働きであって、「知る」という精神的な活動ではない。身体的な活動があるあいだは、まだその人だとおもっているのだ。

だから人工呼吸器をはずしたくない理由は明確なのである。その人が「生きている」からなのだ。賛同しない立場はつづける。「また多数意見は、人が「脳死」状態に陥った場合、家族の意思によって人工呼吸器をはずさないことを認めるが、それはどこかで「脳死」の人が生きていると考えているからではなかろうか」。

「生きている」。ここでもまたそれが判断の基準になっている。個人が個人である根拠は、「生きている」からであり、けっして「知る」からではないのだ。

この考えは、ここで意識的にもちだされたのではない。仏教伝来以来、あまりに長い時間がたったので、仏教の影響だとは、ほとんど意識されなくなった倫理観が、にじみ出ているのである。われわれの社会で、脳死からの臓器移植がこれほどに世論を巻き込む論争になるのは、生という無自覚の倫理的基準が、もとにあるからなのだ。だからこの委員もまた、捕鯨の件を聞くと、まちがいなく叫ぶはずだ。おなじじゃないか。

二〇〇九年の改正でこの問題はいちおうの決着をみたようだが、わが国では、脳死を死の基準にしたくないとする人はまだすくなからずいる。それは医学者による医療技術的な意見は別とすれば、日本人がなんとなく生を基準に考えているからなのである。生を基準にすれば、まだ体が温かいのにとか、心臓が動いている人を死んだと判定するのはどうも、というためらいも、理解はできるのだ。

逆に言うと、日本人のおおくは、病人が「知る」ことができなくなったから、つまり脳死という状態になったからといって、その人が死んだとは、とてもおもわない。たとえその病人が「生きている」だけだとしても、欧米人のように、その人が動物とおなじ段階になってしまったとは、まず考えない。こういう倫理観は、人によることはむろんだが、それでも洋の東西による感じかたのちがいは、明らかなのである。


こう考えてくると、捕鯨についての判断の相違は、それぞれの基準がちがうことによるのが分かる。「知性」を基準にすれば、鯨を食べるのは気もちが悪いし、「生」を基準にすれば、牛や豚を食べていながら、鯨だけいけないのは日本人への偏見からくるのではないのか、と言いたくなる。彼我の倫理観のちがいは、基準のちがいによるのである。

4　文化と倫理

†献　体

献体についての興味深い論文を読んだ。江戸時代には解剖される遺体は、刑死か獄死の死体だった。それで、解剖されるのは犯罪者であるというイメージが定着していた。明治二年に、わが国はじめての篤志解剖がおこなわれている。けれども昭和二十年の終戦までは、医学校での実習用遺体のおおくは刑死体、獄死体、行路死亡人で、篤志家による献体はごく少数にとどまっていた。親族の遺体を解剖にふすなど、死者に鞭打つ行為にしかおもえなかったのだ。

それでは戦後はふえたかというと、まったく逆で、人権の観点から、意志を表明していない遺体を解剖することがむずかしくなって、解剖実習用遺体は、一時期、ひじょうにすくなくなった。こういう背景もあって、昭和三十年に白菊会が、献体を目的とする篤志団体として発足し、全国各地におなじような団体が設立されていった。

しかし献体の意思があっても、死亡すると、人間ではなくただの物体になる。それで周囲に反対者がいると、献体されずに火葬されてしまうケースもある。そこで昭和五十八年五月に「医学および歯学教育のための献体に関する法律」、いわゆる献体法が制定された。この直後の昭和六十一年に、解剖用に提供される遺体では、献体者の数が、非献体者のそれをようやく上回ったのである。明治二年に解剖がおこなわれてから、じつに百十七年ぶりだった。

この数字の推移は、内野滋雄の論文「わが国の献体の歩みと献体登録者の心の変化」によっているのだが、これは文化における倫理観の推移でもある。遺体の解剖が死者を冒瀆する行為ではなく、医学の進歩のための、現代倫理学ふうに言うと、未来世代のための崇高な行為であることが認知されるまでに、百十七年も経過しているのだ。

この論文からふたつの教訓を導きだすことができる。文化意識からくる倫理観も時代におうじて変わっていくこと、それは必要性をもとにした粘り強い努力の結果だということだ。脳死からの移植の定着も、医療技術上の必要性が浸透していけば、国民は納得できるようになるだろう。


捕鯨の場合もおなじなのだ。日本人の意識と欧米人のそれと、どっちが善いとか悪いとか、そういう話ではないのだ。欧米人のなかにも菜食主義者はいるし、日本人でも肉が好きな人はいる。グリーピース・ジャパンで活動している日本人が、二〇〇八年に鯨肉を盗み出した事件もあった。

基本的な視点は、やはり必要性なのである。つまり捕鯨が、資源保護の観点から必要であるか、という議論がもとになる。こういう本筋の調査、研究や議論はその道の専門家にお願いしておこう。理性的で科学的、理論的な欧米の識者たちも、環境保護という観点から、きちんと捕鯨を肯定しているから、こういう人たちの良識まで疑うことはない。ただ、こうした理性的な人たちのなかにも、心情的には反捕鯨である人がいるだろうことは、じゅうぶん推測できるのだが。

だから環境保護の根本にある、文化意識による倫理観の相違について、日本人はもっと声を大にしてわれわれの文化的倫理観を喧伝していい。反捕鯨国の知性中心主義的発想は、理解はできても、納得はできない日本人はかなりいるはずだからである。かれらの議論の根本にあるのが「知性」を基準とする、上から下への秩序づけである以上、われわれも「生」を基準とする、平等なものの見方を、折にふれて説明しつづけなければならない。

というのも、こういう文化意識を無自覚なまま基礎にする論争は、これからも起こる可能性があるからだ。グローバリゼーションは経営倫理の領域だけのことではない。環境問題もおなじだし、文化による異なった倫理観による摩擦が、どんどんふえてくるだろう。そのときのためにも、価値観のちがいをきちんと分析してみせて、主張すべきは主張したほうがいい。

それは、われわれ自身が、自分たちの無自覚の文化的倫理観を再確認する機会にもなる。脳死はいちおうの決着を見たし、捕鯨について妥協ができたとしても、また別の問題に、この文化意識は現れてくるだろうからである。

†文化の多様性

環境保護の立場からの捕鯨の是非については、すでに国際捕鯨委員会で解決ずみなのだ。環境保護、動物愛護などの倫理観はすでに各国とも認めている。しかしそれぞれの国のこれまでの事情から、捕鯨、反捕鯨の意見が対立しているのだった。

そこで国際捕鯨委員会が中立的な立場でこの問題を判断しようとしている。わが国も、環境保護、動物愛護などはとうぜん重要だと考えているからこそ、国際捕鯨委員会にはいって活動している。この会の中立性についてもいろいろな批判があるが、それは運用上の課題だ。資源保護についての大方針は定まっているのである。

これでこの水準の議論はおわって、調査の数値の分析に話が移っていたはずなのに、無法者が文化的倫理観のちがいを環境保護にくるんで、闖入してきた。シー・シェパードの行動によって、問題の本質が文化の多様性にあることが明確になったのは皮肉である。

文化の多様性を維持し尊重することは、反捕鯨国も、まさか否定はしないだろう。文化の「実りのおおい多様性」の維持は、ユネスコ憲章の第一条だけでなく、おおくの国際的な規約の、さまざまな文脈のなかでくり返されている。

反捕鯨の国々も、本音のところは分からないが、欧米文化の知性中心主義の優越性を公言しているわけではないだろう。それぞれの文化の相互尊重は、わが国も、もちろん認めているし、世界共通の倫理観になっている。ところが今回の事件の本質を冷静に分析してみれば、現実に起こっているのは、文化の差異から発する倫理観の衝突なのである。

欧米人のなかでも、ノルウェーは独自の捕獲枠を設定して、商業捕鯨をおこなっている。アイルランドも自分たちの考えで、断続的に捕鯨を実施している。文化意識とはいっても、画一的でも原理主義的でもない。地域や習慣などによる相違はとうぜんある。柔軟に対応できる素地はあるのだ。

アンケート調査はたくさんおこなわれているが、実施する主体によって、結果が左右されるような印象を受けるのはしょうがない。それでもわが国のものでは、内閣府が二〇〇一年に実施した「捕鯨問題に関する世論調査」がいちおう中立性が期待できると言えるだろう。いくつかの項目のなかで、「クジラの資源に悪影響が及ばないよう、科学的根拠にもとづいて管理されれば、資源の豊富なミンク鯨を対象に、決められた数だけ各国が捕鯨を行うことをどのように思うか」について、「賛成、どちらかというと賛成」が七五・五%、「どちらかというと反対、反対」が九・九%となっていて、圧倒的に賛成がおおい。

海外のものでは二〇〇二年のCNNとBBCの調査が、比較的、客観性なように読める。これによれば、「商業捕鯨は再開されるべきか」という設問に、賛成六一%、反対は三九%にすぎない。その他にもおなじような結果がでている海外のアンケートもあるから、これらは文化意識にもとづいた倫理観も固定的ではない、という例とみていい。グローバリゼーションはここでも着実に進行しているという印象をうける。

文化に優劣はない。これは世界共通の認識になっている。しかし、じっさいの相互理解はまだまだ不十分だ。環境保護は世界的な視野から実行されねばならない課題である。その根底に文化的倫理観がかかわってくる以上、この論点については、今後もねばり強くわが国の主張をつづけるべきである。

■参考文献

立花隆『脳死』中央公論社、昭和六十一年。

『朝日新聞』一九九二年一月二十三日朝刊、臨時脳死及び臓器移植調査会の答申についての記事。

内野滋雄「わが国の献体の歩みと献体登録者の心の変化」『医学哲学・医学倫理』第十五号、日本医学哲学・医学倫理学会、一九九七年、一五七－一六六頁。

小松正之『クジラは食べていい！』〈宝島社新書〉宝島社、二〇〇〇年。

森下丈二『なぜクジラは座礁するのか？』河出書房新社、二〇〇二年。

小松正之『クジラと日本人――食べてこそ共存できる人間と海の関係』青春出版社、二〇〇二年。

田上太秀『涅槃経を読む』〈講談社学術文庫〉講談社、二〇〇四年。

渡邊洋之『捕鯨問題の歴史社会学』東信堂、二〇〇六年。

Corpus Christianorum Series Latinae XXIX.

捕鯨班の基本的な考え方（http://www.jfa.maff.go.jp/whale/assertion/assertion jp.htm）。

国際捕鯨委員会（http://www.iwcoffice.org/）。

日本捕鯨協会（http://www.whaling.jp）。

シー・シェパード（http://www.seashepherd.org/）。

シネマトゥデイ　二〇〇九年七月三十日十三時二十三分配信。

水産庁　森下丈二　漁業交渉官「どうして日本はここまで捕鯨問題にこだわるのか？」（http://www.e-kujira.or.jp/geiron/morisita/1/）。

＊　捕鯨問題については左の新聞記事を参考にした。
『読売新聞』二〇〇八年一月－三月。
『日経新聞』二〇〇八年一月－三月。
『朝日新聞』二〇〇八年四月三日朝刊、「鯨は日本の伝統食？」についての記事。
『読売新聞』二〇〇九年八月二五日朝刊。

経営倫理の分野

第6章　びっくり箱とホリエモン

——ステークホルダー説について——

経営倫理学の倫理観のなかで、われわれの社会が認めやすいのは、ステークホルダー説だろう。ステークホルダー説はおもにストックホルダー説に対応する。ストックホルダー説というのは、会社は株主のものだと考える。経営者は株主利益を最大の目的とし、会社利益の最大化を図らなければならない。会社が損失をこうむれば、いちばん打撃を受けるのは、株主だからだ。

ところがそれだけだと世間から指弾され、けっきょく会社の収益もあがらなくなる。そういう事件がいくらも起こっている。つまり、会社は株主のものだというストックホルダー重視の考えは、法的には正しいのだが、それだけに凝り固まってしまうと、けっきょく株主のためにもならない。

それでステークホルダー説がとなえられるようになった。会社は、株主だけでなく、その会社の存続や成功にとって必要な集団の利益も保護しなければいけない。この集団には、従業員、顧客、取引先、地域住民までもふくめるから、その民主主義的な性格からしても、この理論は一般のひとびとにも受け入れやすいものだろう。だが、この倫理観に共感はできるにしても、実行となると、そんなにおおぜいの人たちの利害を調整できるんだろうか、とだれもが疑問をもつのはとうぜんだ。

この章では、ジャック・イン・ザ・ボックスと、ライブドア事件の堀江貴文の実例によって、ステークホルダー説の、倫理観として可能性を吟味してみる。

1　ジャック・イン・ザ・ボックスの場合

†事件の経過

ジャック・イン・ザ・ボックスは、ホームページでは、全米十八州に二千百ほどのハンバーガーチェンを展開し、レストランやコンビニも運営している。

米紙によって事件を概観すると、この会社が売ったハンバーガーが原因で、一九九三年一月から六月にかけて、六百人が食中毒の症状を訴えた。うち四七七人がバクテリアに侵されたと確認され、一四四人が入院し、三人の子供が死亡。事件が記事になった一月十八日から二月五日までで、同社の株価は約三〇％下落した。訴訟も続発し、ジャック・イン・ザ・ボックスのチェーン店は、売上げの減少にとどまらず、会社存続の危機にも見舞われた。

†熱処理の温度

連邦農務省と州の保険関係者の見解では、州の基準である一五五℃でハンバーガーを調理していればバクテリアの害はなかった。なのにジャック・イン・ザ・ボックスは連邦基準の一四〇℃に従っていたので、この事件が起こった。また訴状では、一九九二年五月のワシントンの健康規則（Washington's health regulations）で、熱処理の最低温度が一四〇℃から一五五℃に上げられたのに、同社がフランチャイズ店に、徹底しなかったことも指摘されている。

会社側はこれにたいして、州は基準を上げたことを正確に通知しなかった、ハンバーガー・パティーは焼きすぎると堅くなってまずくなる、などと主張して、法的なあやまちを受け入れるつもりはない、と表明した。

これについて、ワシントン州健康食品プログラムの技術担当者であるバルトレーゼンの見解。州法が優先されるべきだが、この件では会社の食品安全主任はゆるやかな連邦基準をえらんだ。

事件当時は、ジャック・イン・ザ・ボックスが営業している他の十二の州でもこの基準だった。当時はクリントン政権で、農務省は二月に新たな基準を設けて、ハンバーガーの調理は、これまでの一四〇℃から一五〇℃にするよう勧告している。しかしこれでもワシントン州の一五五℃とは五℃の差がある。

†責任の転嫁

ジャック・イン・ザ・ボックスは、食肉の供給元であるヴォンズを、汚染された肉を供給したとして、逆に告訴した。ワシントン州の健康関連の職員が、肉は食肉処理場で汚染された、としているからである。これに対抗してヴォンズ側は、フランチャイズ店がハンバーガー・パティーを、怠慢に、また不注意に調理した、とカリフォルニアの裁判所で反論した。

しかしワシントン州でチェーン店を経営していて、中毒者を出した、ワシントン・レストラン・マネジメント社は、カリフォルニアの裁判所はワシントン州にある会社にたいする裁判権はもっていない、と主張。ワシントン州の裁判所はこれを支持したが、カリフォルニア州最高裁判所は否定している。

食中毒事件と、それにともなう経営倫理の課題は、現在のわが国でも、しょっちゅうある。こういう事件について、アメリカではどんな対応を採るのだろうか。どういう倫理問題を見ているのか。この件について研究したセルノーと連絡が取れたので、共同研究者のウルマーとの共著の論文を要約、批評しながら、米国の対応や考えかたを分析する。

ところで、あらためて言うまでもないとはおもうけれども、ジャック・イン・ザ・ボックスとは、「びっくり箱」という意味である。

†ステークホルダーとあいまいな説明

セルノーはウルマーとの共著論文「組織の危機・コミュニケーションにおけるあいまいさ(ambiguity)という一貫した問題　ケーススタディーとしてのジャック・イン・ザ・ボックス」、「組織の危機・コミュニケーションの擁護としてのあいまいな議論」というふたつの論文で、この事件を分析している。前者は後者の考えをさらに発展させたものなので、ここではとくに新しいほうを主として分析する。その議論の核心は、危機にさいしての企業の説明のあいまいさとステークホルダー説との関係を、解明している部分だ。

危機は、避けられないものだが、もし効果的に扱えば、組織は危機から利益を得る可能性もある。説明についての研究は、危機で悩んでいる組織の首脳陣が、早期で率直な公の回答をすることが、組織の信用への潜在的な打撃を緩和する、と一貫して論じている。

だが、危機的状況を取り巻いている、脅威、驚き、切迫感のために、明確で狂いのないメッセージの確認と伝達はしばしば妨げられる。結果として、組織は危機のさいの説明では、すくなくとも最初のうちは、ややあいまいではっきりしない態度を取らざるをえないことになる。

これはわが国でも、毎日のように起こっている不祥事への対応にも見られるとおりだ。ところが両氏の主張がおもしろいのは、発言のあいまいさをただ否定するだけではないところにある。

あいまいさの正当性は三つの点から考えられる。まず証拠である。組織は科学者、弁護士あるいは他の研究者を集めるが、かれらの議論はたいてい複雑すぎるものとなってしまって、消費者やその他の集団の人たちは、メディアの助けを借りなければ意味を理解できない。科学や法律の複雑な用語と論法によって議論が混乱させられると、ひとびとは検討するより消耗してしまう。

この現象はたしかに、他の倫理問題でもしばしば見られる。環境問題に関心をもって調べはじめても、環境アセスメントの数値を前にすると、ふつうの人は茫然となってしまう。法的に判断が出ても、その詳細な議論は、法律用語からして、ひじょうに分かりにくい、こういう経験をもつ人はすくなくないはずだ。

次に意図である。合法性を失うという可能性に対処して、企業は、危機を生み出した、あるいは原因となった行動の背後にある考えや意図を、公衆にたいして再構成する必要がある。組織が正しい意図について説明するときは、危機を発生させたすべての要因にかんして、しばしばある程度のあいまいさを必要とする。しかし企業のどのような行動も、危機への対応と見なされれば、利点があっても、多少とも批判されるものである。

最後に責任の所在である。組織はさまざまな構成員からなっているので、そのなかで危機に責任がある個人を特定するのは、不可能ではないにしても、きわめて困難である。危機を生んだ個人は、責任を組織のなかの、より高いレベルの責任者に帰すので、責任を決定することはあいまいになる。組織のトップが危機についての非難を受けるときでも、それはシンボリックな意味で、という了解のもとでしかない。

責任の問題はまた、危機については、その組織自体よりも、外部の組織に大きな責任があると、悩んでいる組織が確認したときにも起こる。

このふたつもわが国の事件に、いくらも見られる現象だ。

あいまいさについて倫理という観点からまとめると、一、証拠・意図・責任の所在という問題にかんして、偏りがあったり不完全だったりするような情報を提供することで、危機に置かれた少数のステークホルダーの要求を、他のひとびとより優先するような説明は、非倫理的である。二、証拠・意図・責任の所在を中心とする問題について、競合する解釈を強調し、かつ入手可能な情報にもとづいた、おおむね完全で偏りのないような説明は、倫理的である。

†ジャック・イン・ザ・ボックスの見解

両氏は以上の原則を、ジャック・イン・ザ・ボックスの事件に当てはめる。

証拠について、ナゲット社長は、この病気にかかった子どもたちには、自社の客のほかに、客でなかった者たちもいる、と説明した。そして証拠を外部のステークホルダーに求めようとした。第一に、ジャック・イン・ザ・ボックスだけが危機をもたらしたのか。第二に、外部の組織も同様に、危機に関係したのではないか。

意図については、加熱温度にかんする国の食品安全規則を守っているのだから、州の規則にも忠実であろうとする意思があることを示した。

責任について社長は、ジャック・イン・ザ・ボックスへの肉の供給者、ヴォンズと、連邦の食肉検査当局に、事件発生の責任を押しつけた。しかしステークホルダーのひとつのグループを強調し、他を守ろうとすることは、彼の回答をバランスの悪いものにした。

結論として、ジャック・イン・ザ・ボックスの首脳陣による危機への回答は、証拠と意図、責任の所在という観点からは倫理的に疑問だ。というのもかれらが用いたあいまいさは、他のステークホルダーたちよりも、財政的なステークホルダーたちのためだったからである。

けっきょくこの事件も、この種の他の事件とおなじで、おおくの被害者について、賠償による和解が成立し、一九九七年十月までに、百に近い訴訟について、一万九千ドルから一億五千六百万ドルが支払われている。裁判については、二〇〇〇年の時点でも、こういう事件の常として、何年間も係争中で、ほとんどの和解は公にはされていない、という状況だった。

† あいまいさを評価する

企業が危機にたいし率直に早期の対応をすべきだと想定するのは、ほとんどの場合不適切である。むしろ説明を批判する者は、ある特定の危機の経過のなかで、どの程度のあいまいさが妥当なのかを判断するよう努めるべきだ。セルノーらはそう主張している。

この論文を紹介したのは、現在のわが国でじゅうぶん通用する意見だからだ。ふつうなら、世間が許せないとおもう会社側のあいまいな発言の背後に、ステークホルダーを差別しない説明であれば、倫理的に肯定できるとしている主張を評価したい。不祥事が起こるといつも、説明責任を果たしていない、という非難が続出する。しかし両氏の指摘するように、ステークホルダーの利益を守るためのあいまいさなら肯定される、という議論は、われわれの社会から見ると、成熟した見解のようにおもえる。

それとともに、おおくのステークホルダーを満足させられるのか、というステークホルダー理論自体についての疑問への回答ともなっているのである。

2　ホリエモン

† 事件の経過

ステークホルダー説について、わが国の実例も検討しよう。通称ホリエモン、堀江貴文は、二〇〇七年三月十六日、東京地裁から懲役二年六か月の実刑判決を言いわたされた。

罪状は証券取引法違反である。内容はふたつあった。第一に、旧ライブドアグループのライブドアマーケティング社が、増資や架空売り上げを計上するなど、事実をいつわって公表したとするもの。これは風説の流布、偽計取引にあたる。第二は、有価証券報告書の虚偽記載容疑である。ライブドアの二〇〇四年九月期の連結決算では経常赤字だったのに、架空売上の計上、投資事業組合をつうじたライブドア株式売却による投資利益を売上に計上し、五十億三千四百万円の経常黒字だったと公表して、有価証券報告書虚偽記載とされた。

また、堀江被告に準じて、刑事責任は重いとして、捜査段階から実態解明に協力的だったが、社内での地位や役割の重要性から、側近の宮内亮治被告に懲役一年八か月の実刑判決。おなじく中村長也被告と岡本文人被告には、懲役一年六か月と執行猶予三年の有罪判決。熊谷史人被告は懲役一年、執行猶予三年の有罪判決となった。

さらに法人としてのライブドアには、罰金二億八千万円の判決があった。ライブドアの平松社長は控訴しないことを表明。

堀江については、二〇〇八年七月二十五日、高等裁判所でもおなじ判断がくだされた。民事裁判もつづいているし、事件についての司法判断は、今後も出ることになる。

しかしこの事件の核心は、証券取引法違反事件そのものではなく、堀江が投げかけた、新しいとさ

れた経営観や生きかたにある。ワイドショーが、いっときだったけれど「企業は誰のものか」を特集したように、この事件の中心には、会社とはだれのものかという問題があった。つまりストックホルダーとステークホルダーをどう考えるかが、課題としてあったのである。

† ステークホルダー

驚いたことに、堀江は、最初、ステークホルダー説に賛成していた。二〇〇四年ころの著作で、ステークホルダーについて語っている箇所をまとめてみる。

会社の経営が長くなればなるほど、ステークホルダーはふえていき、その調整に四苦八苦する。一時的な利益のために周りに損をさせることになり、局所的にみれば利害が一致しないことはおおい。商品を安くすれば、お客さんは喜ぶが、会社は損する。損を取引先に押しつければ、取引先との利害関係が一致しない。コストを減らせば、従業員の給料を減らすことにもなりかねない。

これを解決するには、ステークホルダーとのあいだでウィン-ウィン（お互いがともに得をする）の関係を築くことである。株式の上場だ。ステークホルダーみんなに、株主になってもらって、成長しているうちは、値上がり益を享受してもらい、安定成長になれば、配当金で株主還元する。

いろんなところで、こんなふうに明言している。この本は倫理の検討が主題なので、この説の現実性について、経済学からの分析はしない。どこまで本気だったかは知らないが、好意的に解釈すると、堀江の大衆寄りのステークホルダー説も、ひとつのステークホルダー観のようでもある。

だから彼へのいちばんの評価は、古い日本的な会社経営を打破しようとした、という点にあった。堀江はプロ野球への参入をはかった。野球界の積極的な改革のためだ。球団経営は慢性的な赤字なのに、消極的な対応策しかとっていない。これまでの慣習にしがみついて、自由な発想ができない人たち、そういうなかで生き残ってきた特権階級を全面否定しようというのである。

このころはまだ、ふつうの大衆の意思を代表して、規制社会に風穴をあけた、という評価も高かった。株などもっていない若者たちにとって、ホリエモンは夢だったのだ。

✝ストックホルダー

しかし彼はステークホルダー説にとどまることはなかった。二〇〇五年の『文藝春秋』のインタビューになると、発想が逆転している。「ステークホルダーという概念はひじょうに理解しづらい。社員、取引業者、ユーザー……、どこまでが利害関係者かなんてはっきりした線が引きにくい。その点シェアホルダー（株主）のほうがずっと明確だ」。

株主重視にかかわっているのである。だからおなじ『文藝春秋』で、大前研一は、「会社は株主のもの」という、資本主義ではあたりまえのことが、ようやく日本でも常識になったと、評価している。堀江が、株主重視を認知させたと見ているのである。この評価は、今でもすくなくない。

もともと堀江の経営スタイルは、ステークホルダーになじまない。

経営にスピードを求めるのは、仕事の振り出しがインターネットだったことによる。インターネットの普及によって、「新聞とかテレビを、われわれは殺していく」という方針をとるのは自然だから、ニッポン放送の株式買い付けも、彼のこれまでの経歴と、方向は一致している。

堀江はM&Aを使って会社をおおきくした。スピードがある経営ができるからだ。いちから事業を立ち上げるより、早く収益につながるという考えで、虚業家だと言われたりして、評判が悪い方法だったが、これはこれでひとつの経営戦略だろう。

インターネットを発想の基礎において、つぎつぎとアイディアがひろがっていく。銀行が古いシステムを使っているので、振り込み、引き出しに手数料がかかってる、こういう主張も、堀江の言葉だと納得できる。

こんなぐあいに、ネットを使ったスピードの早い経営方針や仕事が信条なので、ステークホルダーがみんな株主になると、株主総会などでは、スピードの早い決断ができないことになるのだろう。スピードは、必然的にステークホルダーを切り捨てるのである。

✝株主中心主義の限界

株主中心主義は、経営倫理の理論としてはすでに破綻している。アメリカの自動車会社のフォードが、車に欠陥があるのに気がついたが、改善する費用より、そのままにして事故の保障をするほうが、安上がりだと判断した。それは株主のためにもなる。しかし続発する事故によって、会社の信用は地に落ち、株主の利益にならなかった。有名な事件である。

ジャック・イン・ザ・ボックス事件でも、ステークホルダーは前提になっている。もちろんアメリカでも、この考えが現実の経済活動のすみずみにまで浸透しているわけではないが、それでも学説としては、今の社会にはこのほうがずっと受け入れやすいのだ。浸透という点からは、わが国との間にタイムラグが起こっているとおもう。

ニッポン放送株の時間外取引という、脱法すれすれの行為については批判がおおかったのに、堀江は、法律の範囲だと、一言で片づけている。時間外取引では、当人たちは得をする。だが、取引に参加できなかった他の人には、得られるかも知れなかった利益について、損が発生する。ステークホルダーだけでなく、他の株主たちも無視されたのである。

一般のひとびとの倫理意識を代表しているからだろう、捜査を指揮した大鶴東京地検特捜部長の就任会見の言葉が、何度も引用されていた。「額に汗して働く人、リストラされて働けない人、違反すればもうかるとわかっていても法律を遵守している企業の人たちが、憤慨するような事案を摘発したい」。摘発は法的だが、義憤は倫理的なものである。その倫理観を、特捜部長の発言は代弁している。

つまり堀江は、一時は彼の味方だった、一般大衆の倫理観によって逆襲されたのだ。そしてこの大衆こそが、ステークホルダーの一部になることに思い至れば、ジャック・イン・ザ・ボックスの場合とおなじように、ステークホルダーに配慮しない倫理観が、やはり批判の対象になっているのである。

†経営倫理学における堀江の位置

ホリエモン自身も、彼を称讃した人たちも、その新しさがどの程度のものか、正確に把握していなかった。古い既得権者の否定だけなら、ストックホルダー理論によって可能だった。だけれども、そのストックホルダー理論が不十分なのは、もうはっきりしているのだ。堀江はステークホルダー説について、ひとつの視点を提示したものの、けっきょく、株主中心主義に回帰してしまった。

ホリエモンが旧体制の打破を目指したという評価は、まちがってはいない。だが、その手段だった株主中心主義は、経営倫理学の立場からすれば、すでに乗り越えられてしまっているのだ。

有名人が称讃をあびたり、手のひらを返したように、罵詈雑言をあびせられるのは、世の常だが、これを下層社会や敗北者のひがみ、あるいは民主主義的平等からの批判、と言いかえても、まったくの的はずれではない。だとしてもそれらのひとびとの感情は、経営倫理学から

の強い支持を得ることはできるのである。ステークホルダー説というのはそういう傾向をもっている。この事件への倫理面からの批判は、堀江がストックホルダー説にとどまったことにある。

ライブドア事件は、堀江による旧体制の打破に注目があつまって、その点に賛否が集中しすぎてしまい、彼の経営観の古さは見過ごされていた。ステークホルダー理論からみると、ホリエモンは守旧派になってしまうのだ。

この章のふたつの実例は、時間的にも、場所的にもまったく異なった事件だった。それでもセルノーのあいまいさの分析が、わが国でも有用なのは、見てのとおりだ。あいまいさが倫理的だと見なされるのは、ステークホルダーにきちんと配慮しているときだった。ホリエモンの失墜は、ステークホルダーとその母体である大衆に配慮しなかったことによる。ここから推測できるのは、わが国ではまだじゅうぶん浸透していないけれども、ステークホルダー説という倫理観の有効性なのである。

■参考文献

THE NEW YORK TIMES, 1993, February 6; July 1; July 9.
The News Tribune, 1995, June 16.
Meat Industry Insights News Service, 1997, October 6.
Robert R.Ulmer, Timothy L.Sellnow, "Consistent Questions of Ambiguity in Organizational Crisis

Communication: Jack in the Box as a Case Study," *Journal of Business Ethics*, 2000 May II, pp.143-155.

Timothy L.Sellnow, Robert R.Ulmer, "Ambiguous Argument as Advocacy in Organizational Crisis Communication," *Argumentation and Advocacy*, 31, pp.138-150.

中谷常二「ストックホルダー理論とステークホルダー理論の問題圏」『日本経営倫理学会誌』第5号、一九九八年、九一－一〇〇頁。

堀江貴文『堀江貴文のカンタン！儲かる会社のつくり方』ソフトバンク・パブリッシング、二〇〇四年。

――『プロ野球買います！――ボクが五〇〇億円稼げたワケ』あ・うん、平成十六年。

――『一〇〇億稼ぐ仕事術』ソフトバンク・パブリッシング、二〇〇五年。

「平成ホリエモン事件」『文藝春秋』平成十七年五月号。

大鹿靖明「何が堀江を変えたのか　小泉と経団連が太らせた」『ＡＥＲＡ』朝日新聞社、二〇〇六年二月六日号。

――『ヒルズ黙示録　検証・ライブドア』朝日新聞社、二〇〇六年。

第7章　食品の安全・安心について

1　食品関係の事件とその原因

†食品についての事件

食についても、いろいろな倫理問題がある。遺伝子組み換え食品の安全性だとか、添加物、残留農薬への疑問、狂牛病の可能性がある牛肉の輸入、法規の不備、先進国での飽食と途上国での飢餓、ほかにもたくさんあるだろう。そのなかでも、最近、しばしば取り上げられているのが、食品偽装などについての事件である。食品は、生きていく上に不可欠なものだし、毎日、口にするものだから、ほかの倫理問題よりも、ずっと身近で、きちんとした対処をしてほしい課題である。この章では、一連の食品偽装などを中心とする不祥事の倫理的課題がどこにあるのかを分析し、倫理的な視点からの会社側への提言を示してみる。

あまりに数がおおくて列挙しきれないが、二〇〇七年以降のおもな食品問題をあげてみよう。

「不二家」。一、消費期限が切れた牛乳をシュークリームの製造に使用していた。二、シュークリームなどの消費期限の改竄《かいざん》。農水省はこれらについて、厳重注意処分とした。ゆるやかすぎるという批判もあるが、健康被害が出ていない、違反品は流通してない、工場が自主的に休業している、などの理由で、営業停止などの行政処分まではならなかった。だが不二家の売り上げは大幅に減少して、山崎製パングループの傘下にはいることになる。株価は、サブプライム問題が反映する以前でも、半値の状態がつづいて、不正の内容とくらべて、会社への影響は甚大だった例になった。東証一部の大企業で、キャラクターが愛されていたことへの反動とされている。

「日本ライス」。安価なコメをブランド米のコシヒカリと偽って販売。不正競争防止法違反容疑により逮捕。有罪。

「ミートホープ」。牛肉ミンチに、豚、鶏などの異種肉をまぜた。産地偽装、賞味期限の改竄もあった。不正競争防止法違反と詐欺罪で懲役四年。会社、個人とも破産。

「石屋製菓の白い恋人」。返品商品の賞味期限を延長して再表示。食中毒が予想される黄色ブドウ球菌の検出があったのに、保健所に届けなかった。商品の一部を廃棄するよう行政処分。製造中止、社長辞任となった。三か月後に操業開始。

「比内鶏」(秋田県大館市、食品加工製造)。比内地鶏としていたのは、廃鶏(卵を産まなくなった鶏)だった。多額の損害賠償請求により、自己破産。詐欺と不正競争防止法（虚偽表示）違反容疑により起訴、実刑。

「船場吉兆」。賞味・消費期限の改竄。但馬牛と偽装。さらに、客が手をつけなかった料理を他の客にだした。廃業。

「赤福」。出荷しなかった商品や配送後に残った商品を冷凍し、解凍時の日を製造日として再出荷。製造年月日を改竄していた。さらに「まき直し」といって、返品商品を、製造年月日、消費期限を改竄して再出荷。糖類表示の違反。社長辞任。無期限の営業禁止は、改善後、解かれた。営業再開後、名古屋駅の駅売店等では売り切れになる人気だったそうである。具体的な害がなかったなどの背景もあるとされる。

うなぎの偽装については、一社にとどまらない。宮崎、徳島などで、国産うなぎと称したが、実は中国産、台湾産だった。厳重注意など。

その他、毎日の新聞を読めば、事件はいくらでも出ている。『食品偽装』によれば、国が公表した、原産地の偽り、多品種の混入等は、平成十四年四月から平成二十年七月までで、二一三件におよんでいる。

会社側に倫理観がないのはもちろんだが、問題は、消費者はどこに怒りをぶつけるべきかなのだ。いろいろな見解があるうちで、めぼしいものを検討しておこう。

† さまざまな意見

検査をもっと厳格に、広範囲にやれ、という声はおおくある。しかし検査の数をふやすと、費用がばくだいなものになり、最終価格が高くなる。現在は、抜き取り検査と、通報があった食品にかぎっている。安全はコストとの綱引きなのである。どちらをとるかは、消費者や社会が決めることだ。業者の良心に期待している今のほうが、社会のありかたとしても正常だろう。

たくさんの違反が明るみに出てくる理由を、公益通報が浸透したことに求める論者はおおい。関連して、アルバイトや派遣社員などの非正規雇用者の増大、労働強化があげられる。リストラによる熟練工の退職後のマニュアル整備の不十分なども言われるが、熟練工の退職は帰属意識の希薄化にもつながる。こういう事情で、公益通報が加速されているという指摘は、まちがいではないだろう。公益通報が浸透して有効に機能しているのは、倫理的には良いことだ。だがそれは、食品業界だけに特有な状況なのだろうか。他の業界にくらべて、異常に告発の数がおおいのはなぜか。これについて納得できる見解はなかった。この業界には、やはりそうとう数の不正があると推測せざるをえないのである。

刑罰が軽いからだ、という意見を業界関係者からしばしば聞く。これも納得はできるが、実害がなかった場合などは、食品関係だけ罪を重くするのはむずかしいだろう。それに、違反した業者は、不正が発覚することで、刑は軽くても、倒産したり、株価が下がったりして、じっさいに制裁は受けているのである。

食品問題評論家の垣田達哉は興味深い論点を提示している。ミートホープは消費者を直接だましたのではなく、生協などがだまされたのだ。すると直接、消費者の信用を裏切った赤福や不二家、船場吉兆のほうが罪は重い。これは正確な指摘で、ミートホープ事件は、その時点では、肉は直接消費者向けのものではなかったので、JAS法違反にはならなかった。だから消費者の怒りは、ミートホープの肉を使って、消費者を直接だましたことになる生協にも向けられた。その後、品質基準が改正され、直接販売ではない業務用加工食品についても品質表示が義務づけられている。それにしても、法的な違反がなければ良いのではない、という倫理的な観点からは、ちがいはないし、事実、消費者の怒りはミートホープにも向けられたのである。

表示が品物によって異なるし、そもそも分かりにくい、という声もある。これらについては、現在、検討中のようだ。

この業界にも技術の進歩がある。たとえば冷凍機械の改良で、冷凍しても生の場合とほとんど味が変らなくなった。技術の進歩とともに倫理観が変化するのは、生命倫理ではしばしば見られる。味がほとんど変わらないのは結構なのだが、倫理的には、ちがいは明示したほうがいいのはたしかだ。

コストダウンと儲け主義の結果だ、という批判はもっともだ。ルール無視の儲け主義が否定されるのはとうぜんだから、この指摘もまちがいではないのだが、食品業界だけに特有の問題ではないだろう。コストダウンはどの企業にとっても至上命令で、収益の拡大になり、製品価格を下げるし、そもそも儲からないことをすると、株主代表訴訟の対象になる。この議論は表面的にすぎる。

有害物質の含有が基準値を越えていても、人体には無害な場合もあるのに、騒ぎすぎだ、現代の日本人は潔癖すぎるのではないか、という意見も根強くある。それでは基準値を引き下げろと言いたいのだろうか。

行政の縦割りの弊害も指摘される。JAS法は農林水産省、食品衛生法は厚生労働省、不正競争防止法は経済産業省、景品表示法は公正取引委員会である。これもそのとおりなのだが、食品業界に限ったことでもない。

むかしの主婦は自分の眼でみて、生鮮食料品の鮮度が分かったのに、今はブランドに頼りすぎる。こういうむちゃくちゃな議論も、ずいぶんある。まったく問題をすり替えた議論で、松阪肉でこの値段なら、たまには奮発して買ってみようという者に、味の違いなど求めるのが無理なのだ。ブランド好みは消費者の自己決定だ。その結果は当人が負えばいいのである。

これらの議論はそれぞれ一面の真理ではあるのだろう。ひとつひとつの事情が、その企業に特有の状況とからみあって、事件になったという印象を受ける。

われわれにとっての課題は、この食品問題の倫理的な面を、どういう視点から考えたらいいかである。これらの事件に共通する本質的な倫理問題はなにか、消費者の怒りは、不祥事のどの部分に向けるべきか、どういう観点から対応策をとるべきか、これが主題になる。

2　ペコちゃん

†不二家の信頼回復対策会議最終報告書

事件を起こした企業は、対策のための委員会を組織して、その報告書を公表している。この種の委員会は大多数を外部の委員がしめているのがふつうで、その意味での中立性は期待できる。報告書の目的は、不祥事を正確に分析し、会社を再建するところにあるから、指摘している問題点はその方向で実行されると予想していいだろう。

不二家にも、株式会社不二家信頼回復対策会議というものがある。これは不二家事件の原因を究明し、信頼回復と企業再生を目的として設立された。委員は、企業コンプライアンス、食品衛生の専門家、弁護士、公認会計士などの外部者による独立組織になっている。調査結果と見解は不二家とは別である、とことわった上で、この会議が最終報告書をだしている。

報告書は三十二ページにもおよんで、内部調査も詳細だし、いちおうの中立性も感じられるので、これによって事件を解明してみよう。

「第二章　信頼失墜の原因に関連する事実関係」のなかに、「食品衛生管理、品質管理上の問題」「経営体制及び事業体制の問題」「マスコミ報道の問題点」という三つの大区分がある。そこでは、消費期限切れの牛乳の使用、プリンの消費期限の一日延長の問題、埼玉工場でのネズミの捕獲に見られる衛生状態の問題があげられている。それから、社長への過度の依存、同族経営、事業部の強すぎた独立性、職人魂の残滓、経営陣と生産現場との情報の途絶、品質管理担当者の不足、生産管理や品質管理の改善策が不十分、外部コンサルタント会社と内部の推進委員会の提携が不十分だった、経営上の意思決定と危機管理体制の不備、などをあげている。また、マスコミ報道の欺瞞や、不確かな情報にもとづく発言などにも反論している。

これらの項目やその内容は、すべて的確なのだろう。この報告書は信頼回復と企業再生を目的としているので、いわば会社内部に向けてのものだし、おおまかな方針だから、詳細はこれから現場で具体化することになる。それは了承しておくとしても、この報告書を読んでいると、どうにも納得できない、という点がたくさんあるのだ。

✝不二家の問題点

「食品衛生管理、品質管理上の問題」で調査したのは、三点である。第一は、消費期限切れの牛乳をシュークリームの製造に使っていたことだ。これは食品衛生法第五〇条第三項違反・埼玉県食品衛生法施行条例違反、つまり管理運営に違反している、とされた。

これについて報告書は、本来は賞味期限であり、消費期限ではなかった、つまり超高温殺菌しているので、ただちに食中毒などの危険が生じることはない、最終製品として出荷基準には適合していた、としている。さらにいろいろな社内事情をあげた後で、結論として、消費期限の終了時に消費されていない牛乳が大量に在庫として残っていた記録はあるが、それを廃棄した記録がないので、この牛乳の使用が推定されている、と述べている。つまり消費期限切れの牛乳が使用されていたという「客観的な証拠」はない。だから「根本的な問題」は、原料の使用状況について確実に記録する体制が未整備だったところにある。これが結論である。

この結論に納得できない消費者は、私だけなのだろうか。

食中毒などの危険が生じなければ問題はない、と言いたいのだろうか。出荷基準に適合していれば賞味期限違反でも差し支えないのか。「客観的な証拠」がないという弁明には、唖然とさせられる。確実に記録する体制が整備されれば、それで問題は解決するのか。

消費期限を定めたのは会社側なのだ。だから根本にある倫理問題は、自分たちが決めた基準を、自分たちで軽視したところにある。さらにその軽視を、報告書は批判しないばかりか、体制の未整備でおわらせてしまっている。確実に記録する体制が整備されても、公表した基準を軽視するような社風が残っていれば、おなじことが起こるはずだ。

もっとも消費期限切れのものが、そのまま廃棄されるべきでないことは、確認しておいていい。バターやチーズなどは、生乳より古いものである。鯵のひらきや、丸干しも、生の鯵より古いのはもちろんだ。こういうものは保存食や資源の再利用という観点からは、好ましいものである。だから、消費期限が切れているからといって、即、捨てる必要はない。問題の核心はどう使うか、それをきちんと説明しているかなのだ。

第二は、プリンの消費期限の一日延長である。これは食品衛生法第一九条第二項違反、つまり表示の基準違反である。生産体制の変更で、社内基準が実情に合わなくなったので、消費期限表示を一、二日延長した。細菌検査では問題ないし、風味の劣化もない、だから延長した。

報告書では、プリンもおなじだとしているから、倫理問題もおなじになる。社内基準の軽視、実害がなければ問題はないとおもっていた、これらについて対策を講じていないことである。

第三に、埼玉工場での、ネズミの捕獲問題は、同工場で製造施設がつぎはぎに拡大されたことを、特殊要因としてあげている。これは「経営体制及び事業体制上の問題」としている。問題はちがうが、やはり「体制」が課題なのだ。だから第一、第二とおなじで、自分たちが決めたことを守ろうとする心構えがなければ、いくら体制を整えても、おなじことが起こると推測せざるをえないのである。

† マスコミ報道

報告書のもうひとつ大事な主題は、マスコミ報道の不正確さだ。

「食品衛生規範の基準を食品衛生法規格基準と間違えて報道」、「大腸菌群を大腸菌と間違えて「大腸菌検出」と報道」と、マスコミ批判をしている。洋生菓子の一般生菌数等の数値は「洋生菓子の衛生規範」に定められている。違反したのはこの指導規準であり、「食品衛生法規格基準」とは異なる。それなのに「販売してはいけない」「法律の基準違反」といった事実誤認を報道しつづけた。

消費者はこれを読んで納得できるどころか、目を丸くするのではないだろうか。法律違反でないのは、たいせつな事実だ。しかしこの言いかただと、委員会は「洋生菓子の衛生規範」に違反することは、問題ないと考えているのか、と反問したくなるのである。

大腸菌群が検出されたのを、大腸菌が検出されたと報道したとマスコミを批判しているが、これもそのとおりなのだろう。けれども、まちがいだと言っているだけなのだ。これでは、大腸菌が検出されなければ、なにも問題がなかったかのような印象を受けてしまう。

むろん大腸菌と大腸菌群はちがう。大腸菌は「人畜の糞便汚染が近い過去にあったことを示し」、大腸菌群は「糞便だけでなく汚水や泥などの汚染も意味しており清潔さを判断する指票として利用されている」。そして「洋生菓子の衛生規範」の「第6　3製品　(1)　製品は次の規格に適合するものであること」の項には、「①　細菌数（生菌数）は、製品1gにつき100,000であること。②　大腸菌群が陰性であること（生鮮果実部を除く）」とある。報告書もこの基準から逸脱していることは、認めている。しかし報告書は「大腸菌群が陽性だからといって汚染とは無関係のこともあり得る」とわざわざ付け加えてもいるのだ。

これも、「洋生菓子の衛生規範」と「食品衛生法規格基準」の区別とおなじで、一般の消費者は「大腸菌」と「大腸菌群」のちがいではなく、厚生省が定めた基準からはずれていることについて、どう考えているかを聞きたいのである。

専門家の意見というものは、細部にこだわるあまり、本来検討すべき事柄を、往々にして忘れたままになってしまう。だから不都合なことを故意に隠しているのだろう、と勘ぐられたりすることになるのである。報道がまちがっているのは分かった。しかしそれではガイドラインはなんのためなのか。「販売してはいけない」と書いてないなら、販売していいと考えているのか。「法律違反」ではない、それならなにをしてもいいと、言いたいのか。これらは企業の社会的責任という経営倫理の立場から、すでに否定されているのである。

この報告書には、以上のように、消費者の立場からは納得できない考えがしばしばみられる。有益な指摘もあるだけに、消費者の理解と納得にたいする配慮のなさは、やはり遺憾とせざるをえないのである。

3 赤福・白い恋人

† なにが倫理問題なのか

ここで取り上げたのはひとつの報告書だけだが、不二家だけでなく他の報告書や、事件への会社側の対応を見ていると、おなじことを感じてしまうのだ。信頼回復と企業再生が目的だから、会社側へ視線が向いているのは仕方ないとしても、われわれ消費者の視線とはまったく出会わないのである。会社の将来にとっていちばんたいせつなのは、消費者の支持ではなかったのだろうか。

社内体制の不備には、コーポレート・ガバナンスやコンプライアンスなどの倫理問題はある。が、消費者が直接かかわれないことについて、それが正確におこなわれているか、現場を調査することは

一般人にはできない。

だから消費者にとっての倫理問題は、われわれと直接かかわる部分について、われわれが納得できるかになる。消費者はただばくぜんと怒っているのではない。消費者の怒りは、自分たちが無視されているという意識にもとづいているのである。

消費者重視。これが頻発する食品事件についての消費者が提起する倫理問題の領域なのだ。

†経営倫理の現状

現在の経営倫理の倫理観は明確である。コーポレート・ガバナンスであり、コンプライアンスであり、CSRであり、ステークホルダーを重視することだ。おおくの学者がそう言っているし、新聞もこの種の倫理観を、連日のように書き立てている。だからこそ改革委員会の報告書も、こういう字句を連ねているのだろう。けれどもコーポレート・ガバナンスやコンプライアンスは、具体的になにを求めているかが、はっきりしないのである。

「白い恋人」を生産している石屋製菓の報告書の「最大のステークホルダーである消費者の信頼回復という観点が不可欠」という文言は支持にあたいする。また「株式会社赤福が、従前同様の顧客の信頼を回復するため、また、消費者にとって「安心」できる企業であることを顧客に対して発信していく」と述べているのも、そのとおりだ。お客様対策室の設置も評価できる。だが、その運営の基本をコンプライアンスだと言われると、分かってないいんじゃないかなあ、とおもってしまうのである。

必要なのはこれらの倫理観を運用するさいに、それらの根底にあるべき倫理意識の自覚ではないのだろうか。それが消費者重視である。報告書の対応策が的を射ていないと感じられるのは、現在の経営倫理学が、これらの倫理観の本質に向けて、まだじゅうぶんに研究方向を定めていないことも一因のようにおもうのである。

†倫理基準としての消費者

それでは消費者重視とは、具体的にどうすることなのか。消費者は、嘘をつかれたこと、説明が不充分なことに怒っているのだ。だから会社側の対応もこれを基本とすべきなのである。

ＪＡＳ法に違反しない、厚労省の指針を遵守する、そんなのはとうぜんのことだ。なによりもまず、消費者の気もちを基準に会社を運営する。消費者に嘘をつかない。分かるように説明する。これが基点なのだし、倫理的課題なのである。コーポレート・ガバナンスの基本もここにあるし、起こってくるひとつひとつの困難の判断基準や、法令遵守やマニュアルを形骸化させないための基点もここにある。経営倫理はつねに収益とのバランスの上に成り立っているから、消費者も企業が利益を上げるのを否定はしない。嘘をつくな、信頼を裏切るな、と言っているだけなのだ。

具体例に当てはめて検証しておこう。大腸菌群が検出されたとき、消費者はどうおもうか。その説明をどうすべきか。それが対策の基本だということだ。大腸菌群と大腸菌とのちがいなどよりも、消費者は「洋生菓子の衛生規範」に違反することが、どういうことなのかを知りたいのだ。不二家の報告書はその重要性の認識が、さかさまになっているのである。

ネズミがおおいことについて、社内体制を原因とするという抽象的説明ではなく、必要なのは、消費者は不潔だとおもうだろう、その思いにたいしてどう説明すれば納得してもらえるかなのだ。

賞味期限の延長は、直接の害にはならない。だが消費者はどうおもうか。賞味期限切れの商品のラベルを張り替えたのを店に並べて、賞味期限というのは消費期限ではなく、だいたい消費期限の六、七割がたの期日にしてあるので、食べてもだいじょうぶだ、と白い恋人の石屋製菓が釈明しても、消費者はおさまらない。だったら、最初からその範囲で表示すればいいじゃないか。

石屋は、消費者が鮮度より安心にこだわるという事柄の本質を、見誤ったのである。お菓子だから、箱の中に、賞味期限を長くする哲学でも書いておけば、そのほうが信頼を得たかもしれない。信頼と、売ることを秤にかけて、小細工で消費者を欺こうとしたから、われわれは怒っているのである。

赤福のように、冷凍保存の技術が進歩して、もっと利益があがるときでも、その使いかたを決めるのは、嘘をつかないという基準である。その基準をつらぬくことが、その企業への信頼に返ってきて、収益の着実な拡大にもなるのではないか。食品についての事件を考えていて、ここにあるのは経営倫理というより、倫理学の基本だと感じるのである。

†消費者の責任

消費者の側も、こころすべきなのだ。嘘をつかれたこと、説明が不十分なことに怒りをぶつけるべきであって、ここから踏み出して、テレビや新聞から得た不完全な知識をもとに、こまごまとした社内的、技術的な点をあげつらうのは、かえって問題の本質を見誤ることになる。消費者は、消費者としての視点から批判すべきであり、それに答えてくれなければ、非倫理的な会社だと決めつけていいのだ。これについては、ジャック・イン・ザ・ボックスの説明についての分析が示している。

マスコミも、消費者向けなのだから、まずは、嘘をつかれた、説明が不十分だ、という点に報道を集中すべきで、その説明のなかで、法的、技術的、社内的な問題に、確信がもてる範囲で触れればよいのである。とくに一部のテレビの報道の不正確さは、周知の事実になっていて、これではマスコミへの信頼自体が失われてしまうのではないだろうか。

マスコミは、毎日の事件について、専門的な知識をもつことはできないという、みずからの限界を常に自覚すべきなのだ。それはおおくの問題を検討しようとするこの本についても、言えることである。この本が倫理学の範囲を出ないことに、不満をもつ読者もおおいだろうが、一知半解の知識をもって判断することこそ、非倫理的なのである。

盛りだくさんの提案や対策が有用であることは認めよう。いろいろな見解も一面の真理だ。しかし食品企業の起こした不祥事についての判断基準はかんたんなのである。消費者に嘘をつかない、という基準である。その嘘によって、自己責任をともなった個人の判断という社会の基本方針が、根底から崩れてしまうからである。法に違反してないから、正しいのではない。だまそうとして嘘をつくから正しくないのだ。法の限界と倫理観の必要性がここでも現われているのである。

あまりにあたり前だから、じゅうぶん承知のうえで、議論しているのだろうと、なんども読んでみたのだが、それにしては改革のための現在の議論は、建前にこだわりすぎて、本質を見失っている。報告書でこの程度だから、会社の現場の意識はもっとずれているはずで、すると不祥事はまた起こるだろう。一連の事件とそれへの論評や対策を読むと、そういう気がしてならないのである。

■参考文献

小林秀光・白石淳『微生物学』化学同人、二〇〇七年。

「信頼回復対策会議最終報告書」株式会社不二家信頼回復対策会議、平成十九年。

「報告書」石屋製菓コンプライアンス確立外部委員会、平成十九年。

浅野行蔵監修、鳥越崇興著『食の安心　安全　信頼回復の道標』理工図書、二〇〇八年。

農林水産省表示・企格課／新井ゆたか他『食品偽装——起こさないためのケーススタディ』ぎょうせい、二〇〇八年。

垣田達哉『食品業界はなぜ平気で嘘をつくのか——怒れ消費者！これはもはや「食」のテロリズムだ‼』日本文芸社、二〇〇八年。

「報告書」株式会社赤福コンプライアンス諮問委員会、平成二〇年。

小田隆弘「食品衛生の現状と課題」平成二〇年度中村学園大学公開講座テキスト。

太田英明「食品表示の現状と課題」平成二〇年度中村学園大学公開講座テキスト。

佐藤正「二〇〇七年食品偽装を振り返って（その1）」事業創造大学院大学教員ブログ（二〇一〇年現在、ブログは閉鎖されています。必要な方は著者に問い合わせて下さい。小阪康治　中村学園大学、福岡市城南区別府5－7－1）。

その他の分野

第8章　バーチャル・エシックス

1　大規模多人数参加型ロールプレイングゲームの構造

†MMORPGとは

ＭＭＯＲＰＧ（Massively Multi-Player Online Role Playing Game　大規模多人数参加型ロールプレイングゲーム）という遊びがある。数百人から数万人のプレイヤーが、それぞれのパソコンや家庭用ゲーム機を一か所のサーバに接続することで、ひとつのゲームに同時に参加することができる。運営する企業は、数台から数十台のサーバを使って、仮想世界を提供する。延べ数十万人のプレイヤーがその世界の住人となり、ほかのプレイヤーと協力したり対立したりする。まさにインターネットの特質を生かしたゲームである。

MMORPGでプレイするためには、毎月の利用料を運営会社に払ったり、ゲームのなかで使える物品を現実の金銭で購入したりする。運営会社は、ゲームのソフトではなく、参加する権利を売るのである。プレイヤーはゲームのなかに自分の居場所を得ることになるわけだ。

これは年配者が、一部の若者の流行として、おどろいている現象ではない。『二〇〇七 オンラインゲーム白書』とオンラインフォーラムの数字によると、オンラインゲーム登録会員数は、四千一九八万四千人、市場規模が五六七億円で、二〇一一年には一千一一億円に達すると予想されているからだ。

もっともコンシューマーゲーム、いわゆる家庭用ゲーム機市場の四千億円とくらべれば、まだニッチな市場である。けれども現実のビジネスのひとつだから、経営学ではビジネス・モデルとそれに関連する分野の研究に発展するし、社会心理学や経営倫理学による分析もおこなわれている。

†闘う

MMORPGのひとつ、ラグナロクオンライン（RAGNAROK ONLINE）を例に取ってみる。プレイヤー数が日本最大の二百万人とされているこのゲームは、ミッドガルドという架空の大陸を舞台に冒険をくりひろげる、ファンタジー・オンライン・ロールプレイングゲームである。

まず、キャラクターを作成する。性別、キャラクターの能力、髪型と髪の色をえらぶこと、彼または彼女に名前をつけてやることだ。能力は他プレイヤーとのバランスのために、あちらを立てればこちらが立たないようになっている。力と知力、速さと運、技と体力がそれぞれ対になっていて、片方を上げると片方が下がる。とにかくゲーム開始時点では万能選手はつくれないということだ。

このゲームで最重要の位置をしめるのは「闘う」ことである。私がつくったキャラクターは、プロンテラという街に現われた。街の外へ出ると、すぐに敵キャラクターと遭遇する。敵キャラクターの種類は、巨大な昆虫や動物、動き回る植物、よみがえった死者、神話伝承に登場するような悪魔や竜までさまざまだ。問答無用で襲いかかってくるものもいれば、こちらが手をだすまで反応しないもの、攻撃されると仲間を呼んで一緒に反撃してくるものなど、行動パターンも一様ではない。

闘う手段は、相手によって異なる。つくりたての自分のキャラクターは特殊な技能を身につけていない状態だが、敵を倒すことができれば、戦闘による経験値を得て、弓、剣、呪文などを使えるようになる。また、敵キャラクターは価値のある物品を残す。獣の牙や爪、皮や羽などもあるし、獣から武器や防具が手にはいることもある。

闘いに敗北して戦闘不能になっても、ペナルティを受けた上で、ベースキャンプにもどされ、そこからプレイを再開することになる。ゲームの終了はどこでも可能だ。街から遠く離れた洞窟のなかでゲームを終了させてもいい。もちろん再開したときには、ゲーム世界の時間は進行しているが。

2　犯　罪

✝倫理的な危惧

倫理的な問題は、一般の人が、この仮想社会に、なんだかよく分からない、薄気味の悪さを感じているところに発生する。

ネットゲームにたいする一般社会からの批判はふたつある。ネトゲ廃人というスラングは、一般的にはオンラインゲーム依存症というのだが、ネットゲームにのめり込むあまり現実の生活ができなくなった人間を指す。この中毒症状は、日本ではまだすくないが、中国、韓国、アメリカなどではそうとう数みられて、被害者の親の会もあるそうだ。

もっと深刻に語られるのは、仮想空間の殺人行為などを現実空間にもち込むことへの不安だ。現実に、残酷な事件をおこした犯人や、社会に不適合になった人が、こんなゲームで遊んでいたりすると、この種のゲームの存在自体が不安になって、その倫理性に疑問をもつのも、理解できないことではない。闘いを主眼に置いたゲームならどれにでも言えることだが、敵を倒す、殺すことを躊躇する必要はない。闘いや殺人はこの社会ではなんの問題もなく肯定されている。すると中毒者による暴力行為や殺人もゲームのせいで、猟奇的な犯罪の温床ではないのかという疑念が生じる。

これについて専門家はそれほど単純には見ていない。ローレンス・カトナーらは、家庭環境や社会

環境が、子どもを暴力的なゲームに向かわせる可能性を指摘する。また芦崎治はネットゲームについやす多大の時間について言及する。いずれにしても暴力的な場面が、現実社会でおなじ行為に走らせるとは考えていないのである。

†BOTとRMT

ところが闘いによって収入を得るのが主だから、この収入をめぐって仮想社会特有の犯罪が起こっているのもたしかなのだ。現在、いちばんの倫理問題なのはBOTとRMTである。

BOTとよばれるプログラムがひそかにつくられている。これは、本来プレイヤーがする操作を、自動的におこなって、単純作業やくり返し作業など、プレイヤーがやりたくない行為を代行させるプログラムだ。この動作が、ロボット（Robot）に似ているのでボット（BOT）と呼ばれる。サーバに負荷をかけるので、ゲーム自体ができなくなるし、近くにいるプレイヤーのクライアントソフトを強制的にログアウトさせるBOTも存在して、これはもうゲーム内での殺人になる。

仮想社会につきまとう深刻な問題はインフレなのである。敵キャラクターは無限に倒されるから、通貨は無限に供給されることになる。ＢＯＴは通貨を大量に流通させることになるのだ。管理会社が新しく追加する物品も、インフレを前提としたものになるから、ふつうに遊んでいるだけのプレイヤーは、ゲームに新しい要素が追加されてるけど、自分には関係ない、という疎外感をもつようになる。すると現実社会とおなじように、格差が生じる。

ゲーム内資産を大量に得ることが目的だったＢＯＴなどの犯罪は、最終的にはＲＭＴ（Real Money Trade）に集約していく。つまりゲーム内のアイテムや仮想貨幣を、現実社会の現金で売買するのだ。はじめはそのゲームから脱退する人が、手元にある仮想通貨などを、ゲームをつづける人に売りわたす程度だった。これは許容範囲だ。

しかしパソコンの検索サイトをひらいてみると、ＲＭＴのための会社がいくつもある。いろんなロールプレイングゲームの取引があるなかに、ラグナロクオンラインのアイテムの売買の価格も表示されている。だいたい一個数百円である。闘いなどのゲーム内行為だけで獲得できるはずの仮想のお金が、労せずして手にはいるので、これは利用規約で禁止はしている。それでも法的拘束力はないし、抜け道はいくらでもある。今では、ゲームによってはＲＭＴを容認するサーバも出てきている。

現金がからむから犯罪が発生する。アカウントハックという行為では、プレイヤーＡが、プレイヤーＢのＩＤとパスワードを盗み見て、Ｂとしてゲーム内資産を自分のキャラクターに譲り渡す。それから受け取ったゲーム内資産を、他者へ売却して現実の金銭を得る。他人のＩＤやパスワードを盗むには、おもに専用のウイルスソフトが使われる。

運営会社の社員による仮想通貨偽造という事件も起こった。詐欺目的のためだけにＲＭＴ会社をつくる者、そのＲＭＴ業者を狙ったクレジットカード詐欺など、びっくりするけれども、考えてみればありそうな犯罪も現われている。

†その他の犯罪

ゲーム内での友人から物品をだまし取る、さらに安い店があるのを知りながら、めずらしいアイテムを格安で売ります、という店をゲーム内で開く。これは詐欺だ。

つきまといや、ストーカー行為、それに関連するいやがらせ。人間同士のコミュニケーションを前提としたゲームだから、他者への悪感情でこれらの行動を起こすプレイヤーもいる。たとえ仮想社会でも、だれかがずっと自分の後をついてくる、というのは気もちのいいものではない。

ギルドというのは闘うためにつくった集団だが、そこでの情報の操作や漏洩、内通などもある。ギルド同士の戦いのときに、敵ギルドの戦術が筒抜けなら、勝ちを得るのは容易になる。

また、「だれだれは良いアイテムをたくさんもっているが、あれはＢＯＴをつかって集めたものだ」とか「あそこのギルド代表者は特定のプレイヤーをひいきしている。所属してもいいことない」と公言すれば、風評被害になる。こうなると現実社会で起こる事件はほとんど発生することになる。

最初は、ネットを利用して大勢が遊んだら楽しいだろうと、つくったゲームだった。そこに人間の利害や損得がはいり込んだとき、この社会は現実社会とおなじような情況になってしまった。人間的な、あまりに人間的な仮想社会、とニーチェをもじってみたくもなるところだ。

† 矛盾する二重性

仮想社会中でも現実的なものはある。住人が何百万もいるから、現実の企業も広告を出している。コカ・コーラもそうで、仮想社会のなかでその広告を見て、現実社会で商品を買うわけだ。

いかにもロボットのような奇妙な歩きかたをする自分のキャラクターは、たしかに仮想だ。だがそのキャラクターの意識は現実社会のものなのである。仮想社会の出来事すべては、仮想社会に移り住んできた、現実社会の人間の意識が引き起している。現実の人間の意識が移住してくることで、それがもっている悪もまた、仮想社会のなかにウイルスのように侵入してしまった。

だから倫理が必要になる。その倫理観は現実社会で通用する倫理観とおなじでなければいけない。現実の人間の意識を規制するのだから。

戦争や殺人などの殺伐とした行為は、仮想社会ではたしかに肯定されている。しかしその根底にあるのは、現実社会の倫理観なのだ。闘いのさいにも、ずるいことはいけない。嘘はいけない。友達とは仲良く。他人を排除する、つまり殺人までしてプレーするなど論外だ。

だから戦争や、モンスターや魔女相手の闘いが肯定されていることにも、目くじらをたてる必要はない。それらはルール、つまり一般社会の基本的な倫理観をもとにおこなわれるからだ。

努力に見合ったゲーム内資産がふえることが保証されなければ、プレイする意味がなくなる。BOTやRMT取引への嫌悪はそこに由来する。資産は努力の成果であるべきなのだ。ここは労働が公平で平等に報われる社会なのである。だからほとんどのプレイヤーは、どっちの社会でもまじめに生活している。みんなが「はまって」いるわけではないのだ。

したがってバーチャル・エシックスというものがあるとすれば、その特徴は、倫理の矛盾する二重性である。この状況は、仮想社会に、なんだか分からない薄気味悪さを感じていた向きには、なーんだ、というほっとさせる落ちにはなっている。「幽霊の、正体みたり、枯れ尾花」。この川柳は、むろんこの社会にはふさわしくない。枯れ尾花どころではなく、五六七億円の市場規模なのだから。

3 仮想とは理想である

†仮想社会の風景

しかしバーチャルな世界は、いろいろなことをわれわれに考えさせる。仮想社会の本質は、それが理想社会だということである。ここにほんとうの不気味さがある。

この空間は、一見すると穏やかなものだ。ラグナロクオンラインの世界はいわゆるファンタジーRPG、剣と魔法の物語だから、一般的なところでは中世騎士物語が近いだろう。

初心者むけの講習がおわると、キャラクターはゲーム世界に存在するどこかの街へ現われる。街は石組みの城塞都市だったり、帆船の停泊する港町だったり、東洋風のそれだったりする。

私のキャラクターが出現したプロンテラという街は、世界に存在する三大国のひとつ、ルーンミッドガッツ王国の首都で、市壁にかこまれた城塞都市である。ラグナロクオンライン世界の設定は、基本的に産業革命前のものなので、城を除けば高層建築はなく、一般家屋は木と土でできている。舗装は石畳だ。王国だから王様はいるが、封建制度のかけらもない。

行動はほんとうに自由だ。街を歩いてみると、街路樹が、うつくしいヨーロッパ中世の街並みのアクセントになっている。街の周囲は、河もしくは海である。

中心部には、いろいろな店がある。武器を売っている店、薬をつくっている店。いっしょに戦う仲間を集めるために街角で呼びかけている者もいる。ある場所では結婚式のさいちゅうだった。

なにか疑問があれば、そのあたりにいるプレイヤーキャラクターにいきなり話しかけてもいい。もちろん現実とおなじで、相手が取り込み中なら構ってもらえないが。穏健な手段としては、こういう疑問があるのですが、というチャットを作成することもできる。掲示板のようなもので、発言した内容は周囲にいる不特定多数のプレイヤーに公開されるから、親切な人間や教えたがりがいれば、反応を返してもらえるかもしれない。

ひとりで不安なら、他のプレイヤーキャラクターを道づれとして探すこともできる。自分からだれかを誘ってもいいし、募集している話にのってもいい。

仮想社会の生活のいちばんの本質は、この社会では、生きるために、なにもしなくていいことである。
何週間も体を動かさなくても、キャラクターは運動不足にもならないし、病気にもならない。呼吸さえもしなくていいわけだ。破産もない。あたり前のことだが、この街並みには、チリひとつ落ちていない。公衆トイレもない。まわりの海や河は行き止まりだから、誤って落ちる心配はないし、工場排水で汚染されていることもない。
身体的、物質的にはそんなだし、精神的にも自由である。プレイヤーが望めば、闘いなどの行動と無関係なことをして過ごすこともできる。たとえばMMORPGを、ほとんどおしゃべりのためのチャットツールとしてしか使っていないユーザーがいる。極端な例では、街のなかの人通りのおおい場所にすわって、通りを眺めながら、ほかのプレイヤーキャラクターの会話に、ただ耳を傾けている者もいる。どう過ごすかはまったく本人次第なのだ。それでも生活には困らない。

モンスターと闘って敗れても、もとの位置からやり直せばいい。蘇生もあたりまえなのだ。人間の生を絶対的に限定して、哲学や宗教の根本的課題となっている死は、この世界にはないのである。

こんなふうに、この世界の生にはおわりはなく、歴史的建造物は行き届いた保存がなされ、自然環境も申し分ない。ここでは生命倫理も環境倫理もまったく不要なのである。

仮想社会とは、すでに満ち足りた社会なのだ。現実社会でのように、面倒なこと、やりたくないことは、なにひとつ起こらない。だから仮想＝理想社会を動かしているのは、純粋の欲望になる。

†純粋な欲求

それは、ラグナロクオンラインが提供している、ゲームのなかの六種類の分野を見ればすぐ理解できる。「一、成長する」には、「自分に合ったキャラクターに転職する」、「スキルを駆使して強敵に立ち向かう」、「転生してさらなる高みを目指す」がある。「二、仲間をつくる」のなかでは、「チャットやエモーションで楽しく交流」、「パーティーやギルドを組めば団結力アップ」、「結婚や親子関係でさらに絆を深めよう」が楽しめる。「三、闘う」には、「モンスターとの真剣勝負」、「プレイヤー戦や攻城戦でさらに燃える」。「四、お金を稼ぐ」のなかには、「冒険で入手したアイテムを売る」、「露店を開いてビジネス展開」。「五、オリジナルコーディネート」のなか、「着飾ってオシャレを競う」、「特殊な装備で差をつける」。「六、イベント&クエスト」では、「イベントに参加」、「クエストに挑戦」。

「その他にも楽しみ方イロイロ」である。「クエストに挑戦」というのは、用意された「迷宮を踏破する」、「物品を輸送する」、「特定の敵を百体倒す」、「一定期間に一定額のゲーム内通貨を稼ぐ」などに参加することだ。敵キャラクター同様に多数用意されており、難度もさまざまである。

すぐに気づくだろうが、「さらなる」「さらに」が連発されている。他にも「成長する」「団結力アップ」「お金を稼ぐ」「参加」「挑戦」など、生きかたが前向きなのである。さらに良い服、さらにめずらしいもの、もっと敵を倒し、もっと通貨をかせぐ。「さらに」という欲求は、仮想社会のなかだけでしか通用しないから、無害なものだ。この社会には、倫理も法律も不要のはずだったのだ。

†衣食足りて礼節を知る

この諺が真実でないことを、バーチャルな世界は証明したことになる。現実社会では衣食が足りている人も、足りてない人もいるから、礼節を知っている人も、知ってない人もいることになる。だから倫理も法も必要なのである。

しかし仮想＝理想社会では、住民すべて、衣食は足りているのだ。あるいは、衣食などは必要ですらない。礼節は守られるはずなのだ。

RMTなどは理解できる。だがBOTによるずるいこと、盗み、殺人、嘘、格差、通貨偽造。他のプレイヤーへの誹謗、中傷、風評被害、虚栄心、自己顕示欲など、この社会のなかだけでしか通用しないことが、RMTとは無関係におこなわれることも、しばしばなのである。他者への悪意もまた純粋になっているのだ。魔法の剣や、玉や、この社会でしか着られない服などを、欲しがるプレイヤーもいる。それらは手元にすら残らないのに。

この欲求が教えているのは、人間の性《さが》としか言いようがないだろう。「さらに」、「さらなる」なのだ。この世界には死がないから、ここに住むかぎり、欲求は永遠のものになる。金と物へ向かって、プレイヤーは本性をむき出しにする。さらに、さらに。

人間が求めている理想社会とは、こういうものだったのか。するとこの理想的な社会でさえ、人間は、ほんとうの幸せだけは、つかめないことになる。

老子が立っている。「罪は欲多きより大なるは莫《な》く、禍は足るを知らざるより大なるは莫く、咎は得んことを欲するより大なるは莫し」（『老子』下）。しかし老子が教えているのは、現実世界の身の処しかたじゃないか。ここは理想社会なんだ。プレイヤーは老子を倒して進む。さらに、さらに、さらに。

4　マフィアの倫理と仮想社会の倫理

✝仮想社会とマフィア社会

こんなこともあって、仮想社会での倫理観の適用は、現実社会より厳格なものになるだろう。住民は仮想社会から自由に脱退できる。だから倫理観がゆるやかで、社会が混乱すると、この社会はすぐに崩壊する。それは住民も運営会社も望むところではない。

倫理観の適用の厳格さという点からすると、仮想社会はマフィアの社会に似てくるかもしれない。テレビで、マフィアの映画をやっている。「お前、組の金を盗んだな」と、子分が殺されている。「ボスに嘘をついたな」で、また殺される。組織運営の基本倫理は、現実の一般社会と共通なのだ。嘘はいけない。盗みもいけない。

こういう場面を見ていて、ボスが怒るのも無理ないなあ、とわれわれもおもう。嘘や盗みが横行しているとマフィアの組織も存続できないだろうと、悪役のボスに同情さえできる。マフィアたちは、一歩、組織のそとへ出ると、嘘も、盗みも、殺人もやりたい放題なのだが、ひとたび自分たちの社会のなかに帰ってくると、一般社会とおなじ基本的な倫理観に従っている。仲間同士は信頼しあい、仲良くなければいけない。皮肉なことだが、こういう倫理規定を尊重しないと、マフィアの社会も成り立たないからだ。

そしてその倫理規定の適用は、現実社会よりも厳格なのである。嘘をつくのは、現実社会では詐欺だ。詐欺で死刑になることは、現実社会ではありえない。組織の金を盗むのは窃盗である。窃盗で死刑になることもない。なぜこんなに倫理の適用がきびしいのか。

一般社会からすれば、マフィアの社会は、ないほうがいいものだ。だからこの社会はいつも圧迫を受けている。その結果、足を洗って一般社会にもどることもできる。裏切りもある。組織運営のための倫理観はおなじでも、一般社会よりもずっと厳格な適用をしないと、マフィアの社会はすぐに崩壊する。だから血の掟とか、鉄の団結といわれるものが理想とされるのである。

このように、マフィアの社会も基本倫理はおなじなのだが、適用が一般社会よりはるかに厳格になっているのである。

仮想社会は、マフィア社会のように現実社会から嫌われてはいないが、なくてもいいものだし、マフィアの社会より脱退しやすい組織で、欲望はさらに純粋に解き放たれている。だから基本的な倫理観はおなじなのだが、その適用は現実社会よりも厳格でないと、この社会も混乱し、脱退者がふえると予想できるのである。

†不正の防止

対策のための手本はいくらもある。映画などその他の表現とおなじで、過度な暴力シーンなどが規制されるのを、だれも非難はできないはずだ。基本的倫理観にのっとっているからである。

日本では「不正アクセス行為の禁止等に関する法律」が適用されて罪にとわれるが、アカウントハックをおこなった人間が外国にいると、日本の警察は動きにくい。またそもそも「不正アクセス禁止法」の罰則は軽すぎる、という意見もある。懲役一年以下、または五十万円以下の罰金。不正アクセスを助長する行為では三十万円以下の罰金でしかない。この改正も議論されるだろう。

各種調査を見ると、ゲームをやめる理由には、規制がきびしくなることは見当たらない。『２００７

オンラインゲーム白書』によると、カジュアルオンラインゲーム（少人数同時プレイ型の比較的短時間でプレイできるゲーム）の「オンラインゲームに対する不満点」の調査では、「特に不満はない」の次が、「ネットマナーが悪い人が多い」になっている。闘いも裏切りも、ぜんぶマナーのもとにおこなわれるよう、求められているのである。

クライアントインストール型オンラインゲーム（多人数同時プレイ型の長時間プレイできるゲーム）では、運営にたいする不満が、やめた理由の第四位にきている。ユーザーはゲーム世界で公平性・平等が保たれるかを、ゲーム選択の基準のひとつにしているのだ。

おおくのプレイヤーが、長くゲーム内に住んでくれると、収益につながるので、会社が仮想社会の基礎として提供しなければならないのは、基礎倫理の厳格な管理と維持になる。これは商品の信頼性の保証だから、このゲームは経営倫理の分野でも主題になっているのである。

†仮想社会の今後

仮想社会は今後、人間の本性と倫理観との展示場、実験場になるかもしれない。すでに、進化したかたちで提供されつづける次世代の仮想社会に、その兆候は現われている。

ドルと自由に交換できる仮想通貨をもつゲームもでてきた。これは投機的な欲望を肯定するものだ。むろんこのゲームも、基本倫理がなければ、成り立たないのだが。

他人とのつき合いが逆転して、闘いになるのは、現実社会でも日常茶飯事である。だからゲームによっては、「恩返し」を取り入れたり、ファッションショーでプレイヤーがつくった衣装を「褒める」という行為を組み込んだものもある。これらはゲーム内での道徳的行為を促進したり、コミュニティー本来の楽しさを回復することを狙っているのである。

努力すれば報われる。良識あるプレイヤーに贈られる勲章を制定している。良識のないプレイヤーに悪評をつける。こういう倫理観を強調しているゲームもつぎつぎに出てきている。

この傾向はますます多様化するだろう。しかし欲望、倫理、どっちの方向に進んでも限界がある。ありていに言えば、サーバのメモリ容量に限界があるからだ。

仮想社会の倫理的な問題は、一般の人が、この社会に、なんだかよく分からない、不気味さを感じているところに発生するのだった。しかし仮想社会がひとつの社会であるかぎり、現実社会やマフィア社会にも共通する、組織運営のための倫理が必要だから、この社会の倫理構造は、けっして不健全なものでないと、確言できる。

それよりもこの社会での、基本的倫理観のちょっと見ると厳格な適用、言いかえれば、単純素朴な適用に慣れた人たち、「さらに、さらに」、に慣れた人たちが、現実社会でトラブルを引きおこす可能性はある。今のところ顕在化はしていないけれども、これこそが、薄気味の悪い予想になるのである。

■参考文献

ラグナロクオンライン公式サイト。

池田謙一編『ネットワーキング・コミュニティー』東京大学出版会、一九九七年。

石井淳蔵・厚美尚武編『インターネット社会のマーケティング』有斐閣、二〇〇二年。

野島美保「コミュニティーと企業戦略の適合モデル――オンライン・ゲーム産業の事例」赤門マネジメント・レビュー一巻七号、二〇〇二年。

魏昌玄・野島美保「経路依存性によるユーザー群の属性分析――オンラインゲーム「リネージュ」ユーザーの日韓比較」赤門マネジメント・レビュー三巻三号、二〇〇四年。

『朝日新聞』二〇〇四年十月十三日朝刊。

石井淳蔵・水越康介編『仮想経験のデザイン――インターネット・マーケティングの新地平』有斐閣、二〇〇六年。

『2007 オンラインゲーム白書』メディアクリエイト、二〇〇七年。

藤原七重「ネットコミュニティーの構築におけるビジネスエシックスの意義」二〇〇七年度経営倫理学会発表要旨。

オンラインゲームフォーラム http://www.onlinegameforum.org/（首都圏ベンチャーフォーラム「オンラインゲーム」分科会）平成十九年六月二十八日。

カトナー、ローレンス他『ゲームと犯罪と子どもたち』インプレスジャパン、二〇〇九年。

芦崎治『ネトゲ廃人』リーダーズノート、二〇〇九年。

『日本経済新聞』二〇〇九年八月十六日朝刊。

＊　この章は、藤原七重の二〇〇七年度経営倫理学会発表「ネットコミュニティーの構築におけるビジネスエシックスの意義」に触発された。同氏からの各種資料の提供と御教示に感謝する。

第9章　電車のなかで化粧する若い女性の倫理観
――世代による倫理観のちがいについて――

1　車内化粧という光景

†電車のなかの光景

おー、これが車内化粧か。電車のなかで化粧する女性にはじめて出くわしたときは、この話題の光景に感動したと言ってもいいほどだ。

話には聞いていたが、じっさいにそういう状況に直面すると、感動しながらも、びっくりしてしまう。横目で鏡をにらんだり、唇を突き出したり、横いっぱいにひろげたり、鼻の下を長く伸ばしている。たしかに良い感じはしないけれども、そんなことをすべきではない、と倫理的な判断をくだすまでもないとはおもった。もっとも、不快を感じる人がかなりいるだろう、とも想像はできる。若い女性にとどまらず、おばさんにもいるそうだ。

これに関連する本が数冊あるのにも、驚いてしまった。二〇〇八年六月十一日の日本経済新聞夕刊でも、「なぜ平気?　車内化粧」のタイトルで、「家でやろう」の標語の下に、車内化粧する女性のイラストがある東京メトロのポスターを紹介し、外国人や識者の意見を掲載した。

同紙によれば、化粧はひとつの趣味で、電車のなかで音楽を聴いたり、読書するのとおなじ感覚なのだそうだ。また九〇年代からアイメークにこだわりが生まれたので、化粧の時間が長くなって、家では間に合わなくなったという理由もあげられている。

韓国でも見られるようだが、私が知る範囲では、ドイツでもおなじことが起こっている。これも文化的グローバリゼーションなのだろうか。新聞の見出し自体が、「深いこだわり……趣味の延長」、「一種の退廃か……時間も不足」と、判断しかねている。他の私鉄では、「車内で化粧!　妖怪たちも、驚いた」というポスターに、お化けみたいな顔の女性に、妖怪が驚いているイラストもあった。ここでも「車内マナー」がもちだされている。

化粧のなにが問題なのか。営団地下鉄がマナーポスターで車内化粧を取り上げた二〇〇一年には、「目にあまる行為!」とかなりの非難口調だったそうだが、二〇〇八年ではだいぶ穏やかになっている。その言い分は、「行為自体が悪いとならないよう、あくまで車内は困るという言い方にしています」ということだ。なんだか分かりにくいが、ようするに悪というほどではないにしても、いわゆるマナー違反なのでやめてほしいということだろう。

†非難の応酬

これに類することが、たくさん問題視されている。路上や乗り物のなかで床に座る、街なかでキスする、話をしている人の目の前でケータイをチェックする。車内化粧についても、年長者だけでなく、おおくの人が不快に感じていて、そうあるべきではないと感じているようだ。

けれども不快を感じているという意味なら、若い女性だって言いたいことはいくらもある。電車のなかで中年のオヤジたちが、スポーツ新聞を読んでいる。このての新聞には、スポーツとは関係のないフーゾク的な記事や写真が掲載されていて、立っているオヤジが、新聞を折って読むと、座っている女性の眼の前に、フーゾクが突きつけられる。意図してなくても、明らかにセクハラだが、だれも、なんとも言わない。化粧のほうが、はるかにましなのである。

さらに若い女性からは、お絞りで顔を拭く、男だから女だからと差別される、という非難があった。これらもそうあるべきではない、という倫理的非難なのだ。女性にかぎらず、若い会社員が上司の文句をいうのも、価値観のちがいからくる不満によるものもおおい。

どちらの側からにせよ、これらの不快感を主張する根拠は、公衆の面前で、そういうことをするのはマナー違反ということなのだ。しかし、マナーというのはだれが決めたのか、どんなふうに決まっているのか、細目はどうなのか、根拠がはっきりしないのである。

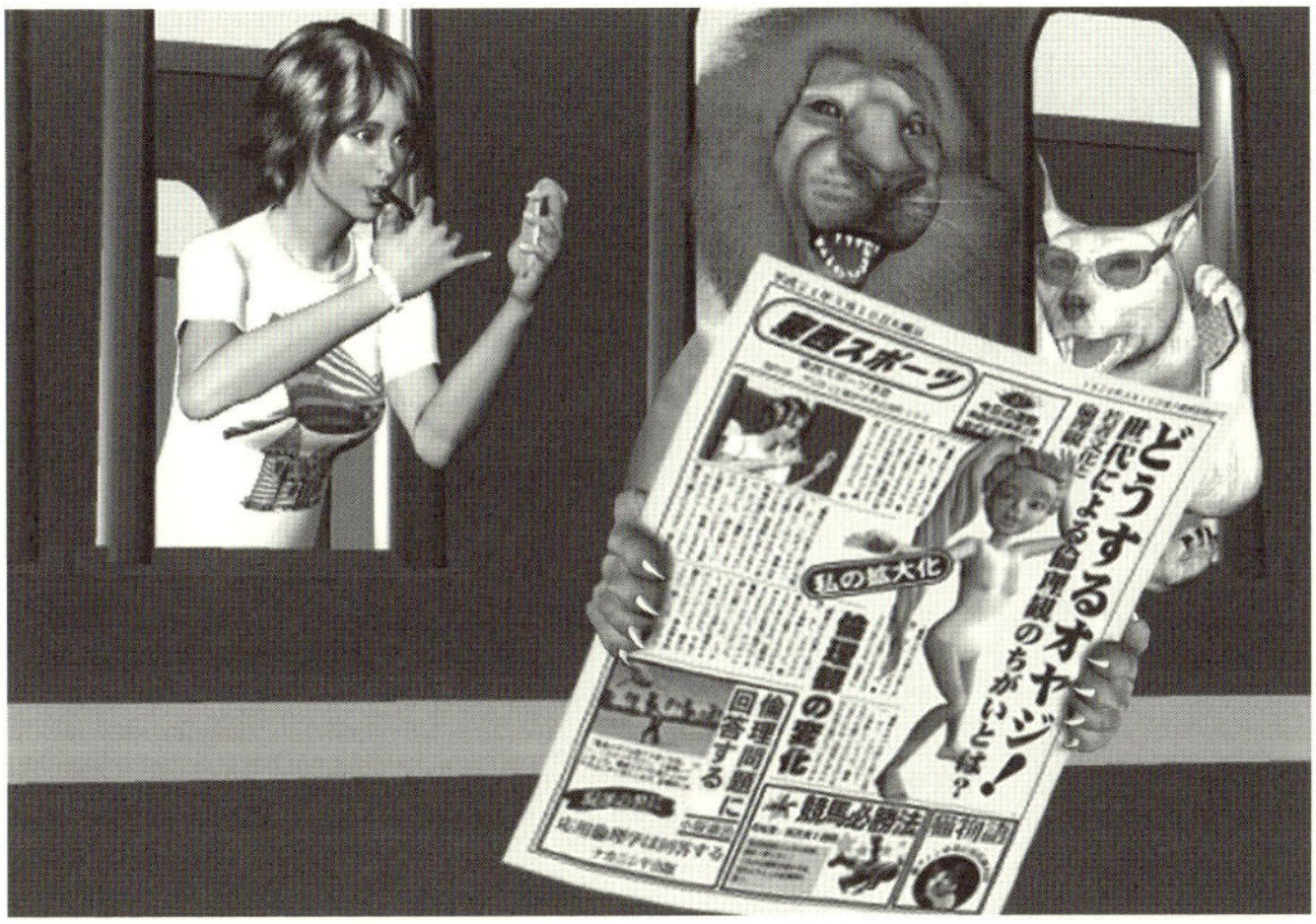

だから年長者の見解も、若い女性の意見も、両方とも説得力がないのだ。公的な場所でどこまでが許容範囲かの規定がいるが、そういう規定で一般に定着しているものは見当たらない。一般に認められていなければ、社会の倫理観として判断の基準にできないのである。

定着している例がないこともない。飛行機のなかでの携帯の使用禁止は、機器に影響するという理由で、これは自分にも降りかかってくるから、納得されている。電車のなかでの使用禁止も、心臓のペースメーカーへの影響と、いちおうの理屈がついた。

しかしおおきな声で独り言を言っていることになるから、他人の迷惑になるという論拠では、電車のなかで大声でしゃべっている二人連れも、他人の迷惑になるのではないのか。これも人によって受け取りかたはちがうだろう。携帯を受けてから、今、電車だから後でね、と切っている光景もしょっちゅう見かけるが、これはペースメーカーに悪くはないのか。

地面や床に座り込むという行為になると、まるではっきりしない。電車ではいけないのは納得できるとして、公園でそうしてはいけないと、なぜマナーが主張できるのか。新聞にあるように外国人とのちがいなら、文化習慣として理解し、了解もできる。しかし年齢や世代による習慣の相違だけで、双方はおたがいの感じかたが「正しい」と言い張っているようなのだ。

おおくの人が支持しているマナーは、倫理観と重なる部分もある。前者は軽いものとされがちだが、そのマナーが一般に支持されているとおもうから、公共交通機関も注意をうながすのである。法的には認められていなくても、それはやはりある種の強制力をもっているようなのだ。するとこれは倫理問題であり、双方の意見は検討され、調整されなければならないのである。

†識者の見解

新聞には、マナーを守っても這いあがれない、努力が報われない社会では、家で寝ていて、車内で化粧するほうが楽だから、という意見も掲載されている。また女性の二極化が進んで、男女平等の恩恵も受けられない「あきらめ組」にとっては、礼節やマナーどころではない、とする識者もある。

バブルがはじけたあとの疲弊した社会の閉塞感、自分のことだけにしか手が回わらない、やりがいのある対象が見つからない、少子・高齢化のなかでの将来への希望のなさや不安、これらがマナーの無視、価値観の崩壊の背景にあることを、指摘する声もおおい。

こういう見解について、私は賛否を言う知識をもたない。だが、この種の議論についていつも感じることだが、するとこういう行為を認めるべきだ、と言いたいのだろうか。社会環境が改善される必要があるのなら、その方法を示すべきである。いずれにしても事柄の是非とは別のことではないのだろうか。論旨がずれているのではないか。

鷲田清一は「淋しい電車内メイク」という小論のなかで、自分の内面を描写している。「……あのひとにとってぼくの視線はなんでもない、つまりわたしは少なくともあのひとに他人として認められていない、そう悟って、ちょっと腹立たしくなってきた。ひとなかでの携帯電話の長話と同じで、他人への配慮、他人への感受性というのをすっかりなくしているのだ、と」。

まったくそのとおりだ、とうなずいていたら、米澤泉は、『電車の中で化粧する女たち』の説得力ある分析によって、彼女たちをもっと綿密に解明している。車内化粧を、耳障りなケータイでの会話と同等に扱い、羞恥心やウチソト感覚の欠如、猿なみの退化した行為などとする非難は、「所詮、マスカラとビューラーの区別もつかないおじさんの見解」だとされる。

彼女たちは、化粧が趣味で、洋服を着こなすように、化粧道楽、化粧倒れなのであり、一日中化粧している。これは稀覯本を購入する学者や、フィギュアを破格の値段で購入するおたくとおなじなのだそうだ。だから彼女たちは、グラムあたりでは金よりも高い化粧品でも購入する。虚構の世界である顔をたいせつにし、社会的現実を無視した態度が車内化粧である。目や、まつ毛や、口や肌というパーツの組み合わせに私を見いだすことで、内面不在の時代になっている。男に愛されるために整形するのではない、自分に満足するためにするのだ。こういう見解だと理解した。

なるほど、よく分かった。前の席に座っている私を尊重していないのはたしかだが、一段低く見ているわけでもない。内面が不在なのだから、無視しているという自覚さえもないのだ。

若い女性がおおい職場がさいわいしてか、私はマスカラとビューラーのちがいは知っている。ということは私の職場でもこの種の女性がいるらしいということなのだ。

2　車内化粧は倫理違反ではない

†「私《わたくし》」の拡大、「公《おおやけ》」の減退

倫理学の立場では、「私」と「公」をどういう規則で調停するかという議論になるとおもう。自由とか個という言葉と重なる部分もあるが、「私」という視点が倫理学にはふさわしい。自由を求めている主体が「私」と言えるのではないか。

「私」の拡大は気もちのいいもののようだ。若者にかぎらないが、すくない収入にもかかわらず車を買うのも、格好の良さだけでなく、車の購入によって自由を得ると感じているのだ。ヘッドフォンは自由な時間をふやしているし、携帯は、「私」を、直接、ひろい世界に接触させる。ブランドはみんながもっているので、個性的ではないが、他人との差別化になっているそうだ。つまり「私」的になっているのではないか。車もヘッドフォンも携帯も、生活の質を向上させる望ましいものである。生命倫理のＱＯＬとは、まさに「私」の生活の質なのである。

社会全体で、「私」が拡大している。その分、社会的な存在である「公」でいる時間が減っている。倫理的に見ると、「私」の自由の不徹底な自覚が結果する。それがどんどん拡大して、世代による倫理観の衝突をもたらしている。

企業へのクレーマー、病院へのモンスター・クライアント、学校でのモンスター・ペアレント。これらも「私」の拡大に数えていいとおもう。携帯の画面を見ながら、目の前の人と話をする。親が子どもを殺す。つぎつぎにキレる若者、大学に肌の露出がおおい服を着てくる。性意識そのものの変化。これらはまさにむき出しの「私」である。スポーツ新聞を読んでいるおやじも、すでに「私」の拡大を実行しているのだ。ある時代までは、恥ずかしい行為だったはずだから。このうち法律で対応できるものはそうすればいい。むずかしいのは、若者文化への不快感である。

学生が、親友の結婚式だから休みました、家族旅行だから休みますと、あっけらかんと言ってくるのも、おなじ傾向なのだ。こっちは驚いてしまうのだが、学生にすれば、親友の結婚式は、一生に一度のものだから、出席するのがとうぜんなのである。おなじように、家族旅行は家族にとってたいせつな行事で、学期中は客がすくない時期だから、料金も安くなる。たいせつな旅行に割安で行けるのは、とてもいいことなのだ。

講義をさぼって、アルバイトをしたり、本を読んだりするのは、個の充実だろう。しかし友人との付き合いや家族との遊びという「私」と、学校という学生の「公」を比較して、なんのためらいもなく「私」を採るのか、という疑問をもってしまうのだ。なにより親の気もちが理解できない。古い、と笑われるのだが、しかし笑っている人たちは、教師と話ながら、携帯をチェックする学生の行為をとがめることはできないのである。

米澤の議論は、ウチ・ソトの区別が、すでになくなっていることを前提にしている。

三浦展は、豊かで自由な社会の実現につれて、現在を自己目的として享受する価値観の台頭を指摘する。家族や地域共同体や会社組織が、分割・粉砕されて、個人が、こういうちいさな社会を介してではなく、グローバル化したおおきな社会に直接触れると述べている。この見解は納得できる。

恥を核として分析する菅原健介の意見も興味深い。従来は地域社会に準拠していたので、こういう行為は恥かしいものだったのが、自分本位や仲間セケンという狭い基準に依拠する個人の増加により、恥の意識が薄れ、迷惑行為が増加したと仮説を立てている。そしてこれらの行為はもともと社会規範や公衆道徳という高次の基準ではなく、近隣や地域の目によって抑制されてきたとしている。

井上忠司の観察では、他人のまなざしが、見られる側の自由を拘束するので、他人のまなざしに見られない自由が求められており、都市化によってそれが進行している。

このような種類の意見はその他にもある。

今後、個人の自由はもっとおおくの場面で要求されるだろう。すると平等や他人の自由などとの衝突もますますふえてくる。自由というものを認めて、徹底すれば、それも不思議なことではない。こういう社会がはたして良いのかどうか、将来、再検討されることになるだろうが、当面は、すこし前の時代のように、個人の尊厳を認めず、忍従を奨励してきた価値観の打破が、優先するのだろう。平和な時代がつづけば、この傾向はさらに拡大すると予想できるのではないか。

✝他者危害

こんなことを考えていて、われに返るのだが、それでは車内化粧はどう判断すべきなのか。趣味なのは理解できたし、地域社会の崩壊もたしかに目の当たりにしている。自由の過剰な横行もそのとおりだ。それにしても車内化粧は、していいものなのか、やめさせるべきなのか。趣味だから車内でも可という結論なのだろうか。

若者文化についての社会学や心理学系の先生方の分析は、とても鋭くて、深く、感心することばかりなのだが、対応策になると、はっきりしないのだ。私が読んだ範囲では、けっきょく、自分の信念や子どものころの教育をもちだすくらいで、急に腰砕けになってしまうような印象を受ける。

倫理的課題とはそういう現状にたいして、どういう方針をたて、どんな基準で判断するかなのである。教育の改革が必要なら、そうすればいい。しかしそのためにも倫理観が明確でなければならないし、なによりも現実に生じている倫理的矛盾については、今、具体的に判断しなければならないのだ。

車内化粧については、他者危害の原理が有効である。

他者危害というのは、自己決定権と一体になっていて、その歯止めのための理論である。自己決定権という倫理観はすでにおおくの局面で判断の基準になっている。インフォームド・コンセントや末期患者の安楽死などの基本にも、自己決定権がある。環境問題も地元の住民の意見が不可欠な要素だ。会社の不祥事は、きちんと説明してもらわないと困る。説明されているほうは、この会社の商品をこれからも買うかどうか、その説明を聞いて自己決定するからだ。いいかげんな説明では、自己決定に責任をもてない。ここに説明責任も発生してくる。

自己決定を中心にした倫理観は今の社会がひろく認めているのである。イヤホンをつけて、おおきなボリュームで音楽を聴くと難聴になることを知っていて、それでもその行為をするのは、倫理的には愚行権とされる。他人が見て愚かな行為でも、成人なら、本人の自己決定を認めるということだ。タバコを吸うという行為も、愚行権によって認められる。

しかし自己決定は、他人の迷惑になるようでは認められない。それが他者危害といわれる。つまり自己決定が最優先なのだが、それは他人に危害を加えない範囲であるのは、とうぜんのことだ。

車内化粧についてこの倫理観が有効なのは、なによりも地面に座り込んでいる若者や、電車のなかで化粧している女性も共有しているからである。「他人に迷惑かけてないから、いーじゃない」。他者危害にはいろいろな定義があるが、彼女たちもいちばん単純な意味での他者危害を基準としているのはたしかなのだ。

以下、他者危害をこの意味で使うが、ともかく年長者たちは、迷惑だと怒っている。身体的、経済的、物理的な他者危害は目で見えるから、判断は比較的容易なのだが、むずかしいのが、精神的な他者危害である。セクハラにその困難がいちばん現われていて、おなじ行為でも、不快に感じる人とそうでない人がいる。

車内化粧も、精神的な他者危害の問題になるのである。これを倫理学では「他者不快の原則」というのだが、他者危害と他者不快の定義について、議論をここで開陳するより、実例の分析という方法の有効性を提示したい。

†車内化粧とセクハラ

車内化粧は、他者危害とは言えない。

セクハラを考えてみると、両者の関係が固定的で、行為が恒常的であることが、第一の条件になっている。関係が固定的なのは、上司と部下、先生と学生などだ。この点から見ると、車内で不快に感じている同士の関係は固定的ではない。おたがい行きずりで、通行人同士がすれちがっている状況にちかいからである。

「第4章　国立マンション事件と漫画家の赤白の縞の家」が参考になるだろう。悪ではないがマナー違反だ、とする東京メトロなどの倫理観は、「都市生活者の暗黙のルール」がもとにあるともいえる。けれども国立マンションでも、吉祥寺でも、住んでいる住民の言い分は聞かれねばならないが、そうでない通行人や野次馬が賛成したり、反対しても、その意見は、取り上げにくいのだった。

固定的な関係のなかで、拒否したのにしつこく言うなど、行為が恒常的でなければセクハラは成立しにくい。しかし車内化粧は、特定の相手に恒常的におこなわれているわけでもない。

第二に、セクハラは、決定的なときは、第一の条件なしでも、この要件ひとつで成立する。会社内にワイセツなポスターを貼るなどの事件である。ところが、車内化粧は決定的でもないのだ。オヤジたちのスポーツ紙や、きわどい吊り広告でさえ、問題にされていない。このほうがはるかに決定的な他者危害なのに。

びっくりしたり、怒ったりするような習慣でも、慣れてしまえば気にならないことを、われわれはしばしば経験しているから、車内化粧も常識になるかもしれない。車内化粧は、日経新聞によれば、四十代では一〇％以下だが、二十代後半では経験者が四三％に達しているので、こういう人たちがふえていく可能性もあるからだ。逆に、若いころはビートルズふうの長髪で、当時の年長者を悩ましていた若者たちが、今では、しごくまっとうな大人になったような経過をたどるかもしれないのである。

3　車内ですわり込むのは倫理違反である

†倫理観の有効性

車内化粧など、かつては「公」だった空間に、「私」がどんどん侵入してきている。しかし「公」の場で、倫理観がまったく失われているわけでもないのだ。

菅原が興味ある例をあげている。新幹線の乗客の大半が、ビジネスマンで、仕事をしたり、仮眠を取ったりしていた。ところが若い女性の一団だけが、大声ではないが、笑ったりしていて、その声が車内に響いていた。すると、ある男性がその女性の集団に近づいて、うるさい、と怒鳴ったら、終点まで車内は静かだった。菅原はこれを、彼の主張に賛同して静かになったのではなく、大声を出した者、怖そうな者がその場を制する、と観察している。

その要素はおおきい。しかし盛りあがっていた女性たちにも、怒った男性と共有している倫理観があったのではないだろうか。静かにしたのは、自分たちの笑い声が他者危害だったと、女性たちが気づいたこともあるはずだ。もちろん、この程度がなんで、とぶつぶつは言うだろうが。

車内化粧は通行人同士のすれちがいだから、他者危害にはならない。だが、行きずりでも、他者危害がはっきりするなら、これを認めようという共通認識はあることを、この例は示しているのである。

†代理権

注意しておかねばならないが、以上の分析は、成人の若者にたいする判断であって、未成年者への対応は別になる。成人の車内化粧を禁止する根拠は希薄だった。すると未成年者の車内化粧も認められるのか。

未成年者でも、まず、身体的、経済的、物理的な他者危害は、はっきり否定できる。

次に、他者危害でないものでも、酒、煙草が禁止されているのは、未成熟な身体への配慮からだろう。この禁止は代理権によって認められる。代理権というのは、未成年のときには判断力が未熟なので、本人が大人になったら判断するように、親などが代理で判断するというものだ。

体調が悪いのに、医者には行きたくないという子どもの自己決定は他

者危害にはならない。それでも、無理に連れて行っていいのは、代理権によるのである。その子が大人になったら、自分の子を医者に連れて行くと予想できるからだ。生命倫理では、手術などのとき、未成年者の自己決定権だけでなく、親の承諾も必要なのが一般的である。

おそらく高校生の車内化粧を肯定する先生はいないだろう。車内化粧だけでなく、そもそも社会に出る準備段階である未成年者の化粧という消費活動自体が好ましくない、大人になったらそうおもうだろう、たぶんこういう論理によるものとおもえる。これは代理権によって支持できる。

しかし高校生が電車のなかでパンを食べるという行為も、他者危害ではないが、この例について代理権を成立させる倫理的根拠を見いだすのはむずかしい。

マナーやエチケットがもちだされるのだろうが、倫理と重ならないマナーが、明確な根拠をもっていることはまれである。根拠として考えられるのは、たくさんの人も不愉快なはずだ、という推測だけなのだ。多数決という根拠であり、これが車内化粧を否定する東京メトロの拠り所

だったのだろうが、ほんとうに大多数かを証明しているわけでもないし、時代がたつにつれ、年長者は減り、若者世代の数はふえていくのである。

だから根拠のないマナーを、「すべきではない」という倫理観にはできない。この場面での正確な発言とは、俺は不愉快だ、と倫理的根拠なく言うことなのだ。すると未成年者は、大人の感じかたはそうなんだ、と大人社会の存在を確認し、その社会に入っていく緊張感をもつだろうし、状況によっては、車内で盛り上がっていた若い女性たちのように、他者危害が決定的だったことを自覚するかもしれないのである。

マナーやエチケットについての根拠は、その場かぎりのものがおおく、不正確であり、その程度の論理で自分の不快感を正当化しようとするから、若者の失笑を買い、馬鹿にされてしまうのだ。

このように、若年層においてとくに、「私」が拡大しているとはいっても、未成年者ではほとんどの行為に代理権が発生するし、成人でも身体的、物理的、経済的などの具体的な他者危害は否定されている。それだけでなく、なんでもなさそうな行為のなかにも、他者危害は意識されているから、倫理観はじっさいに効果的に作用しているのである。だからそう悲観したものでもないとおもうのだが。

†世代の断絶と倫理観

倫理観の変化は、経済、社会、教育の影響、そしてそれぞれの人が経験してきた人間関係などによって、常識が変化することから生じると考えられる。最近はとくに、技術の革新とグローバリゼーションの倫理観への影響が顕著であることは、この本でもくり返し述べている。

グローバリゼーションによって、目につくようになった行為とは、路上でキスしたりすることなどがある。目の前でケータイをチェックするのは、技術的な進歩の結果で、これにも新しい倫理観が求められる。土井隆義は見知らぬひとびとへ語りかけるウェブ日記の背景に、他者のイメージだけでなく、自己意識の変容もみている。

社会学や心理学系の先生方の著作や論評に共通しているのも、団塊世代、新人類世代、団塊ジュニア世代、新人類ジュニア世代など、若者と年長者の断絶の指摘である。

しかし倫理学は驚いてばかりはいられないのだ。老若男女はひとつの社会に住んでいるので、今後ともつぎつぎに現われてくる若者文化について、いちいちびっくりするのではなく、倫理観がいちおうの共通認識になっていたほうが、無用の混乱がすくないはずである。

それぞれの社会や組織にはそれぞれの運営上の倫理観がある。自己決定権は生命倫理の分野では主要な倫理観である。自己決定には他者危害がともなう。これらはすでに他の分野でもおこなわれている倫理観だった。

世代のちがいから生じる若者の生活習慣を判断する原則を考えると、他者危害にならないものは承認する、としていい。若者たちさえもが、この基準を共有しているからである。

この原則によって、現在、一般にルール違反だと批判されている成人の若者の行動のなかで、身体的、物理的などの他者危害はもちろん認めない。精神的な他者危害は、関係が固定的で、行為が恒常的な場合、また行為が決定的な場合、には成立する。そうでなければ自己決定が優先する。怒鳴られてみて、はじめて気がつくような場合もある。他者危害をこのように運用してはどうだろうか。

†若者文化をひとまとめに議論する

これまでの若者文化についての議論をひとまとめにして、結論だけ述べておくと、電車は狭いから、ドアのそばだけでなく、どこに座り込んでいても他者危害になる。しかし公園などの、ひろくて邪魔にならない場所なら他者危害とすることはできない。電車のなかで化粧するのは仕方ないとおもうが、ビューラーをライターであぶっている女性がいるそうだ。車内では火気厳禁である。電車のなかの喫煙は受動喫煙だから、他者危害になる。若い女性から、上司が大口をあけて爪楊枝を使うことへの嫌悪感が指摘されたことがある。相手が上司だとすると、関係が固定的だから、行為が継続的なら他者危害であり、セクハラと構造はおなじである。しかしセクハラと同質というほどでもないし、具体的な対応は本人しだいだろう。

路上でキスするのは、他者危害にはならない。習慣の変化であり、通行人のすれ違いだからだ。習慣もまたグローバリゼーションの影響下にある。話している相手の前で携帯をチェックするのは、友人同士でそれを認めているのなら他者危害にならないが、認めていない者が相手なら他者危害になる。

関係が固定的である場合、いっぽうの主観が不快と感じることを恒常的におこなえば、セクハラとおなじ構造になる。

それから、スニーカーとスーツで街を歩き、会社でハイヒールに履き替えることへの嫌悪感を指摘されたことがある。これも会社という「公」の場所での服装を、街なかではしてないので、街路を私的な場所と考えていることになる。しかし車内化粧とおなじ構造になるから、他者危害にはならない。オヤジがお絞りで顔を拭くのも他者危害にはならないだろう。女性は化粧があるから、顔を拭けないことからきている習慣のちがいなのではないか。

男だからとか女だから、という年長者のお説教のさいの基準は、すでにジェンダー論によって否定され、われわれの時代では認められない倫理観である。これに類する習慣として、男性のピアスなどの女性化や、女性の男性化も、倫理的に批判すべきではない。

このように、車内化粧に象徴される世代による倫理観のちがいも、社会に共通している倫理観を慎重に適用すれば、おたがいに納得できるような結論をだすことはできる。年長者が、根拠があいまいで、自分勝手なマナーを振りまわすのでは、かえって社会発展の阻害要因になるだろう。

■参考文献

加藤尚武『応用倫理学のすすめ』〈丸善ライブラリー〉丸善、一九九四年。

――――『現代を読み解く倫理学　応用倫理学のすすめⅡ』〈丸善ライブラリー〉丸善、平成八年。

菅原健介『羞恥心はどこへ消えた？』〈光文社新書〉光文社、二〇〇五年。

米澤泉『電車の中で化粧する女たち』〈ベスト新書〉ベストセラーズ、二〇〇六年。

菅原健介他「青少年の迷惑行為と羞恥心」『聖心女子大学論叢』第一〇七集、二〇〇六年。

鷲田清一『てつがくを着て、まちを歩こう』筑摩書房、二〇〇六年。

井上忠司『「世間体」の構造』〈講談社学術文庫〉講談社、二〇〇七年。

三浦展『日本溶解論』プレジデント社、二〇〇八年。

『日経新聞』二〇〇八年六月十一日夕刊。

土井隆義『友だち地獄』〈筑摩新書〉筑摩書房、二〇〇八年。

「電車の中で化粧が出来るのはなぜ」聖心女子大学対人社会心理学研究室（http://www5b.biglobe.ne.jp/~sken/hp/psychology.embarrassment/resarch%20room/kenkyu/kenkyu.kesyo.htm）。

第10章　倫理問題をどう解決するか

†倫理問題の構造

この本の目的のひとつは、それぞれの実例がかかえている倫理問題に、具体的に回答することだった。それはこれまでの九つの章でやってみた。

そこで、この本のもうひとつの目的だった、実例に共通する倫理問題の構造と、解決の方法を示さねばならない。これがないと、新しい問題はどんどん起こってくるから、永遠に、場当たり的に考え、対応しつづけることになってしまう。それでは倫理研究は、ただの思いつきにすぎなくなる。

この本や、これまでの私の研究から、まず結論を述べておくと、現実に生じている倫理問題の本質的な要素は三つである。現にある倫理問題と、倫理観と、両者を調停する中間的規定だ。現実に問題が生じているのは、倫理観があいまいか、中間的規定がないか、のいずれかなのである。すると倫理問題の解決は、どちらか、あるいは両方を明確にすることにある。

これまでなかった状況に、倫理観の修正や、新しい倫理観が求められるのは、医療、環境などの分野をあげるまでもない。しかし中間的規定がなぜいるのか。

それは倫理観が実例にとって抽象的すぎるからなのだ。抽象的だからこそ、さまざまな現実に当てはまるのだが、それを現実に「直接」適用するから、現実の問題が混乱するのである。その結果、倫理観を共有している当事者同士が、反対の立場を取ったり、倫理観自体が不完全におもわれることになる。だから倫理観と現実の中間に、両者を調整する規定を立てれば、現実の矛盾は解決の方向を得ることができる。これを応用倫理学の定義を分析することで、示してみる。

✝ 応用倫理学の定義

わが国の代表である加藤尚武は、応用倫理学を次のように定義する。「「応用倫理学」は、「どのような原理の応用だと見なせばいいのか」を研究する領域であって、あらかじめ分かっている原理を適用するのではない」(『応用倫理学のすすめ』一八二頁)。つまり絶対確実な原理をまず立てて、それを現実問題に押しつけるのではなく、現実の問題を考えるのに有用な原理、私の言葉だと倫理観を考え、その応用を検討しようというのである。賛成だ。新しい状況に対応できる倫理観はこのように導いてこそ有効なものになる。

しかしこの方法でも、倫理観と個々の実例が乖離してしまう欠陥を脱しきれない。加藤の方法について、高橋久一郎も、ヒトゲノム解析の議論で批判する。「……何らかの基準が研究者・患者・社会において同意されているのか、あるいは少なくとも患者がどのような「情報」のもとにリスクを「引き受ける」ことにコミットしているのかという問題に関する「検証」はなされていない」(『応用倫理学の転換』二〇五頁)。だが批判する高橋自身もまた、こう告白するしかないのが実情なのだ。「実は、残念ながら私自身もふくめて、こうした問題に関する議論を行いえないがゆえに、「倫理学者」の発言の多くは、川本隆史の言う「ご託宣」となってしまっている」(同右 二〇六頁)。

私の言葉になおすと、倫理観と現実問題を調停する中間的規定を明示すれば、この規定が、高橋のいう「研究者・患者・社会において同意され」る、つまり倫理観を実現する「何らかの基準」にあたることになる。中間的規定がないから「「倫理学者」の発言の多くは……「ご託宣」となってしまって」、倫理観は双方とも承認しているのに、行動は逆だったりすることになるのだ。

ENCYCLOPEDIA OF APPLIED ETHICS から、定義の典型をあげておこう。「「応用倫理学」とは、正しいか間違っているかという現実の問題についての理解を深め、それによって問題を解決するものである」(“APPLIED ETHICS CHALLENGES TO”, p.183)。賛成できない。善悪という倫理観の押しつけを予想させるからである。具体的な倫理問題は、かならずしも善悪という基準で明快に解決できる実例ばかりではない。どう考えれば、今、現在の、一般の賛同を得られるかが判断基準になることもある。「第**1**章 説明と同意だけでいいんだろうか」での、説明項目の追加、「第**2**章 病気の腎臓移植の倫理問題」の倫理的妥当性の析出で、それを示したつもりだ。

こういう不満から、最後に、私の立場にもっとも近いものを引用する。「「応用倫理学」とは、現実の生活のどこかで起こった道徳的な諸問題を、理解し、解決しようとする、あらゆる体系的な努力にかかわる全般的な研究領域である」（“APPLIED ETHICS, OVERVIEW”, p.192）。この定義では、「正しいか、間違っているか」という単純な表現になっていない点を評価したい。また、体系的な努力、にも好意がもてる。ただ定義全体が、ぼんやりしているという印象を受ける。

この定義とほとんどおなじだとおもっているが、私は次のように定義する。「応用倫理学とは、倫理学的、哲学的、宗教学的などの思想的立場から、現実の倫理問題に具体的に回答しながら、回答するための方法を明確にする研究である」。種々の倫理問題は、道徳的、倫理的立場という観点からだけでなく、哲学的、宗教学的な観点からの解明が有効な場合もある。「第**3**章　看取りの倫理」は、哲学研究と倫理学、「第**5**章　捕鯨と脳死」は、宗教研究と倫理学との合致を試みた。これが応用倫理学についての私の定義である。

† 各章の問題の構造

従来の研究が、倫理観の上からの押しつけによって現実問題との乖離を克服できなかったという致命的な欠陥については、中間的規定で対応し、倫理観があいまいな問題には、実例研究のなかからそれを提示することが、倫理研究の目的と方法になる。するとこの本の各章の構造は、二種類に分けられる。まず中間的規定を立てた章は次のような構造になっていた。

「第1章　説明と同意だけでいいんだろうか」では、インフォームド・コンセントという倫理観について、利益不利益についての理解、を中間的規定として提示し、「第2章　病気の腎臓移植の倫理問題」では、医学的妥当性と患者の自己決定という倫理観について、倫理的妥当性と病腎の末期患者への移植を、中間的規定とした。「第4章　国立マンション事件と漫画家の赤白の縞の家」では、都市景観を守るという倫理観について、「都市生活者の暗黙のルール」と、主観性のできるだけの肯定という規定が有効ではないか。「第6章　びっくり箱とホリエモン」の、びっくり箱のほうでは、ステークホルダーへの説明という倫理観について、あいまいさという中間規定で現実問題を解決できる。「第7章　食品の安全・安心について」でも、コーポレート・ガバナンス、コンプライアンス、CSR、ステークホルダー重視という倫理観だけでは不十分で、現実的な対策には、消費者重視（嘘をつかない＝説明をきちんとする）という中間的規定が有効ではないか。

一方、倫理観そのものがあいまいな章である。「第3章　看取りの倫理」では、現場ではすでに、過去の楽しかった時間を思いださせるといった、時間性をもとにした看護などが中間的な規定になっている。だから、看取る側による時間の隔絶の自覚と、日常時間への回帰の援助が採るべき倫理観になるのではないか。「第5章　捕鯨と脳死」では、欧米の「知」性中心主義と、わが国の「生」を尺度とする意識が、双方を調停する中間的な位置にあることを確認すれば、「文化の多様性」が倫理観になる。「第6章　びっくり箱とホリエモン」のホリエモン事件のほうは、ステークホルダーという倫理観が有効に作用していた。ただ、堀江が会社運営からしりぞいてしまったので、現場での倫理的矛盾をふくんだ問題がなく、中間的規定は提示できない。「第8章　バーチャル・エシックス」では、一般の危惧にたいして、仮想社会だけの規則の根底に、現実社会のふつうの倫理観が認められるのだった。厳格だが単純な倫理観の適用に慣れた参加者が、現実社会でトラブルを起こす可能性が不気味だが、現実にはこの種の倫理的混乱はまだ生じていないので、中間的規定は、この場合も考えられない。「第9章　電車のなかで化粧する若い女性の倫理観」では、ちょっと見ると年齢によって倫理観がちがうようだが、実は他者危害がすでに共通の倫理観になっているのは確認できるのだ。倫理観が確定すれば、セクハラを規定する、固定的関係での恒常的行為、独立した決定的行為、を中間的規定として転用すると、それぞれの実例を判断できると考えた。

†回答のための具体的な方法

それでは、欠如している倫理観と、中間的規定を導き出す、具体的な方法とはどういうものか。

どちらを導くときでも、まったく新しい考えでもかまわないが、むしろ人口に膾炙《かいしゃ》した倫理用語を考え入れるほうが説得力をもちやすい。これは倫理の性質からきている。倫理とはおおくの人が納得できるものでなければならないからである。

たとえばこの本では、私がつくった新しい用語は、「都市生活者の暗黙のルール」という言葉だけだった。この言葉にしても、すでにわれわれの生活でじっさいに用いられているものを析出しただけなのだ。あとは既存の倫理観を当てはめたのである。

というのも、ひとつの分野で通用する倫理観や中間的規定は、ほかの分野でも通用しているからだ。たとえば、説明義務などは、最初は生命倫理の用語だったのに、今では経営倫理や、環境問題の住民への説明などでも求められる。第6章のびっくり箱事件の、説明責任についての議論が典型である。「第4章　国立マンション事件と漫画家の赤白の縞の家」の「未来世代への責任」、「持続可能な発展」という環境倫理の倫理観は、もうすべての分野で通用している。

倫理観があいまいなときは、実例のなかでもっとも普遍的な要素を倫理観に昇華させる方法が有効である。これもおおくの人が納得しやすいからだ。この種類の実例すべて、3、5、8、9、いずれの章もそうした。

倫理観の傾向として、古いほうは新しいものに取って代わられる。社会の状況が変わるからである。インフォームド・コンセントの前は、医者が父親のように振舞うことで、患者を安心させて治療に当たるパターナリズムが倫理観だったことが良い例だ。成長重視の経済政策が、企業の社会的責任に代わったとか、倫理観がまったく正反対になった例はいくらもある。「第9章　電車のなかで化粧する若い女性の倫理観」が、この例になっている。

おおきい領域で通用している倫理観と、それよりちいさい領域の倫理観が対立しているときは、前者の倫理観が優先する場合がおおい。これも素朴に、よりひろい領域の倫理観のほうが、よりおおくの人が支持できるからである。第**6**章のホリエモン事件では、ストックホルダーより、ステークホルダーのほうが大勢いるのである。永田町の論理や兜町の倫理を否定するのも、この基準なのだ。

中間的規定が説得力をもつには、対立している両方が融合できるときはそうする。「第**1**章　説明と同意だけでいいんだろうか」では、利益、不利益の理解によって、「第**2**章　病気の腎臓移植の倫理問題」では、倫理的妥当性にもとづく末期患者への移植によって、医師と患者の主張の、融合を試みた。

他の問題では倫理観だったものが、中間的規定になったりする。「第**7**章　食品の安全・安心について」の「消費重視（嘘をつかない＝説明をきちんとする）」がその例である。

これらの方法は、前著やその他の論文でも、試しているもので、どの例にも当てはまるのではなく、手元に置いて、実例におうじて使ってみる道具である。

したがって、この本のはしがきで、構造の解明と解決の方法の構築があれば、つぎつぎに起こってくる倫理問題分析の指針になるはずだ、と大見得を切ってはみたが、構造は解明したとして、方法については仮説なのであり、仮説でありつづける。というのも、現実の倫理問題は百あれば百通りの材料や要素をもっているわけで、材料・要素を、以上の方法によって、構造と付き合わせながら、回答を見つけるしかないからである。材料・要素を構造のなかに投げ込めば、自動販売機みたいに、答えがころがり出てくるはずがない。

この方法の有効性は、**1**から**9**までの章の結論に、おおくの人が納得するか、にかかっている。おなじ構造の他の実例について、同一の倫理観や中間的規定にひとびとが賛成しつづければ、それらが当の問題構造についての、ひとつの規定として、社会に定着したことになるのである。

†倫理観とはなにか

倫理観というのは、おおくの人が納得できるものだ、とこの本のなかで、くり返してきた。ところがおおくの人が納得できる、という規定はひどくあいまいなのである。国民投票でもやって決めたのか、というような疑問も理由がないことではない。ある倫理観が一般に支持されていて、正当なものであることを論証するのはとてもむずかしい。

けれども、ひとつひとつの実例のなかで考えると、倫理観はひじょうに明確に理解されているのだ。この本で取り扱った実例では、現実の行動はまったくちがっているのに、倫理観はおたがいに共通して認めているケースがかなりあって、その実行のさいに困難が生じているのだった。だから一般的、理論的に悩むのではなく、実例にそくして定義すると、「倫理観とは、個々の現場で、矛盾したり、異なった判断や行動を採っているひとびとでさえ一致して認めている理念」と結論できる。この本では、倫理観という言葉をこの意味で使っている。

†倫理判断の正しさについて

嘘をついてはいけない、人を殺してはいけないなどの、基本倫理はどういう時代にも社会にも共通する。しかしひとつひとつの現実の倫理問題の回答を考えるときには、倫理学は絶対確実で永遠に正しい判断をすることはできない。たとえば原子力発電の結果として生じる高レベル放射性廃棄物は、害になるから、これを後世に残すのは悪いことだ、と断定できる。

ところがCO_2の削減が急務になれば、それを排出しない原子力発電が許容されるのはしかたないことだ。さらに今後、放射性廃棄物の害を解く方法が発見されれば、問題はなくなる。だから現実問題に答えようとするとき、倫理学の回答は、時代ごと、社会ごとにちがっていい。

それでこの本では、時代を超えた絶対的な倫理観や判断については問わなかった。不必要だからではなくて、現実の問題について、時代が求めている倫理観はたくさん語られて、承認されているからだ。どの倫理観がもっとも賛成が得られるかを選択するのも倫理判断なのだし、承認されている倫理観と現実との調和という、大事な課題が軽視されていると感じているからである。

†応用倫理学にふくまれる分野

応用倫理学については*ENCYCLOPEDIA OF APPLIED ETHICS*が、今でも基礎的な文献である。この事典の中には、わが国ではまだ取り上げられていない分野もふくめて、応用倫理学のさまざまな分野が収録されている。「医療倫理」。「科学倫理」。「環境倫理」。「法倫理」、これについての論文は、市民権、女性の権利、セクハラ、自殺などである。「教育倫理」。「倫理と政治」。「経営・経済倫理」。「メディア倫理」。「倫理と社会サービス」、ここにふくまれている論文は、身体障害者の権利、警察の責任、福祉政策などである。「社会倫理」には、ジェンダー、ホームレス、同性愛、プライバシーなどに関する論文が掲載されている。

わが国で考えられているより、はるかにおおくの分野があり、このすべてが応用倫理として確立した分野かどうかにも疑問は残るが、そこに倫理問題が内包されていることは理解できる。この本の「第8章　バーチャル・エシックス」は、経営倫理、社会倫理、メディア倫理の分野にまたがり、「第9章　電車のなかで化粧する若い女性の倫理観」は、社会倫理の分野に属すだろう。

†倫理研究の目的

イエス・キリストは、自分がしてほしくないことを、他人にしないように、と言った。カントは、自分がおかれている立場になったら、だれもがするようにしなさい、と定義した。これはこれで正しい。でもこれらの基本だけでは、この本で取り上げたどの問題にも、正確に答えることはできない。具体的にどう判断し、行動すればいいのか、はっきりしないからだ。それで生命倫理とか環境倫理、経営倫理、情報倫理などの個別の分野が出てきたのである。

だからこの本でやったことは、倫理問題解決のための方法の発見なのだ。民主主義でも社会主義で

も、全体主義、貴族政治、専制政治、独裁制、どんな社会でも主義でも制度でも、倫理観というものは、かならずある。そして倫理観があるかぎり、現実との矛盾の調停が必要とされてきたはずなのだ。ここで試みたのは、いつの時代でも、どういう体制でさえも通用する、倫理問題解決のための方法をさぐることだった。

しかしこの本では、新しく方法を組み立てたわけではない。実例がかかえている倫理問題を分析

して回答し、その根底にある、問題の構造と解決法を取りだしてみただけなのだ。この本の限界もそこにある。実例から構造と方法を引きだしたことで、それらはもっとおおくの実例で検証し補強する必要がある。そのことはちゃんと分かっているつもりだ。

私の考察だけでは、こころもとないかもしれないから、最後に、権威をもちだしておこう。カントは言った。内容なき思想は空虚であり、概念なき直観は盲目である。カントもまた、哲学研究を理論だけのものとしないよう、こころをくだいた人だった。カントにならって、この本を象徴しておこう。

実例なき倫理観は空虚であり、方法なき実例研究は盲目である。倫理研究はこうあるべきだと、私は考えているのである。

■参考文献

Chadwick, Ruth edition-in-chief, *ENCYCLOPEDIA OF APPLIED ETHICS*, I-IV, ACADEMIC PRESS, 1988.
Eerl R. Winkler, "APPLIED ETHICS, OVERVIEW," ibid.I, pp.191-196.
Tim Dare, "APPLIED ETHICS CHALLENGES TO," ibid.I, pp.183-190.
加藤尚武『応用倫理学のすすめ』〈丸善ライブラリー〉丸善、一九九四年。
川本隆史・高橋久一郎編『応用倫理学の転換』ナカニシヤ出版、二〇〇〇年。

あとがき

倫理学がまったく無用のはずはないのだが、倫理学書を読む気がしない人がおおいのは、倫理的状況が差し迫っていないからだろう。それでも倫理問題というのは、身近なところに、かなりの数、生じているのはたしかなのだ。

ぼくは山口県下関市の生まれだ。下関の港には、大洋漁業（今のマルハニチロホールディングス）の捕鯨船団の基地があった。大洋漁業はプロ野球の球団をもったとき、愛称を決めるのに迷わなかったはずだ。「大洋ホエールズ」である。土地柄のせいか、昭和二十年代の食料事情か、うちの経済状態だったのかもしれないが、少年時代のぼくにとって、「肉」とは鯨肉のことだった。

ぼくがひいきにした大洋ホエールズはなくなってしまったけれど、調査捕鯨船は、今でも、南氷洋から下関の港に帰ってくるし、市内の寿司屋は、鯨のネタを数種類は用意している。シー・シェパードには内緒なのだが。

九州の福岡市にある、ぼくの職場が提供してくれている部屋からは、博多の名所が一望のもとに見わたせた。遠くの島影は、金印が出土した志賀島で、それにつづく砂洲が博多湾を扼《やく》している。湾のこちら側の海辺の、閉じたり、開いたりしている丸い大屋根は、ソフトバンク・ホークスの本拠地ヤフー・ドームだ。もうすこし手前が、むかしの海岸線で、元寇のときの防塁のあたりが望める。いちばん近くの金龍寺は、貝原益軒の墓所である。このように博多の町の古代、中世、近世、現代の名所がそろっているので、ぼくはこの眺めが、たいそう気に入っていたのだった。ところが二年ほど前に、道路をへだてた向かいの広大な敷地に、おおきなマンションが建って、ぜんぶ見えなくなった。

ぼくが訴訟を起こす気にならないのは、裁判で負けそうだからではない。職場のこの十階建てのビルが完成したとき、背後の住民がおなじ眺めを奪われただろうことは、容易に想像できる。それから眼の前のマンションの住民が、そのうち新しい建物によって視界をふさがれることも。副都心に近い市街地では、住民の自己中心的で一方的な主観は、「都市生活者の暗黙のルール」に反するし、福岡市の持続可能な発展も阻んでしまうのだ。それにしても、長年親しんだ風景がなくなって、もうその土地に住みたくないとまでおもう人の痛切な気もちは、しみじみと理解できるのである。

思想系の本ではとくに、文字表現の独立は自明のようなのだが、先行する試みもあるように、画像表現の援用にはいくつもの方法があると、まえまえからおもっていた。風雷堂の代表にたまたまその話をしたら、おおいに興味を示してくれて（?）、こうなった。風雷堂さんのあくなき「芸術性の探求」が、どういう結果をもたらしているのか、当事者であるぼくには、見当もつかない。

卒業生の小川明希君に、文献、資料の収集、整理だけでなく、若者の立場からの意見を聞いたりもして、安い時間給で、青春の時間を消費させてしまったことを、謝しておかねばならない。

大学図書館の諸君、とくに松尾よし子君には、章ごとに代わる大量の文献を、あっという間に集めてもらった。本のできの早さは、同君らにも負っている。

この本の出版にあたっては、ナカニシヤ出版にたいへんお世話になった。最後になってしまったが、感謝の気もちをしるしておく。

平成二十一年九月六日

■著者紹介
小阪康治（こさか・やすはる）
1947年　山口県に生まれる。
1982年　早稲田大学大学院文学研究科博士課程修了。
現　在　中村学園大学教授。文学博士。（専攻／哲学・倫理学）。
著訳書　『応用倫理学の考え方――生命・環境・経営倫理と社会問題』（ナカニシヤ出版，2006年），『環境自治体ハンドブック』〔編著〕（西日本新聞社，2004年），『生命倫理事典』〔編集協力・項目執筆〕（太陽出版，2002年），『倫理学概説』〔共著〕（ミネルヴァ書房，2005年），『生命倫理のキーワード』〔共著〕（理想社，1999年），『インフォームド・コンセント』〔共著〕（北樹出版，1994年），『アウグスティヌス――時間と記憶』〔翻訳〕（新地書房，1990年），他。

倫理問題に回答する
――応用倫理学の現場――

2010年2月10日　　初版第1刷発行

著　者　小　阪　康　治
発行者　中　西　健　夫

発行所　株式会社　ナカニシヤ出版
〒606-8161　京都市左京区一乗寺木ノ本町15
TEL　(075)723-0111
FAX　(075)723-0095
http://www.nakanishiya.co.jp/

印刷・製本／サンエムカラー

ISBN978-4-7795-0402-0　Printed in Japan

応用倫理学の考え方
――生命・環境・経営倫理と社会問題――

小阪康治

一層の複雑化と多様化に直面する今日の倫理問題。こうした現状に明確に応答するものとして応用倫理学を提示し、医療事故、環境破壊、企業の不祥事などの実例の詳細な検討を通じて、応用倫理の基礎を構築する。

二四一五円

医療倫理の歴史
――バイオエシックスの源流と諸文化圏における展開――

アルバート・R・ジョンセン／藤野昭宏・前田義郎訳

古代の諸文化に始まり現代のバイオエシックスに至る、医療倫理の形成過程を探究。西洋史に留まらず、中国・インドといった東洋圏における展開まで押さえた、医療倫理の問題を根本から考える上で必読の書。

三一五〇円

看護のための生命倫理

小林亜津子

安楽死、減胎手術、ガン告知、クローンなど、身近な話題を豊富な事例と問題提起とで、何が問題なのかを平易に解説し、読者自らが考える仕掛けの応用倫理学入門。医療・看護の現場で使える事例を満載。

二五二〇円

スポーツ倫理学講義

川谷茂樹

ルールを破っても勝てばOK？　相手の弱点を攻めるのは卑怯？　ドーピングは悪？　スポーツの倫理をめぐる具体的な問いを原理的な問いにまで遡って考察する。スポーツに知的関心を持つすべての人に推薦する一冊。

二五二〇円

＊表示は二〇一〇年二月現在の税込み価格です。